O HOMEM além do HOMEM

Uma visão do ser humano
a partir da Ciência do Sentir

O HOMEM além do HOMEM

MARIA BEATRIZ BREVES RAMOS

Uma visão do ser humano a partir da Ciência do Sentir

MAUAD

Direitos desta edição reservados à
MAUAD Editora Ltda
Av Treze de Maio, 13, Grupo 507 a 509 - Centro
CEP 20031-000 — Rio de Janeiro — RJ
Tel.: (21) 2533.7422 — Fax: (21) 2220.4451
E-mail: mauad@mauad.com.br

projeto gráfico (miolo):
Mateus Filipecki

CATALOGAÇÃO-NA-FONTE
DEPARTAMENTO NACIONAL DO LIVRO

R175h

Ramos, Maria Beatriz Breves.
O homem além do homem / Maria Beatriz Breves Ramos. - Rio de Janeiro: Mauad, 2001.
92p. ; 14cm x 21cm

ISBN 85-7478-051-2 (broch.)

1.Ciências Sociais. I. Título.

CDD – 300

"O bem mais precioso que se tem é a vida!"
Maria Pontes Ramos (vovó Mima), aos 98 anos de idade,
dois meses antes de falecer.

E, assim, em gratidão,

pela concepção de vida que me deixou,
à vovó Mima;

por estar ajudando a viabilizar minha vida,
à psicanalista Léa Maria de Oliveira Castro Lemgruber;

por ter me possibilitado a vida,
ao Cosmos;

ofereço este livro.

ÍNDICE

PREFÁCIO

Quando li pela primeira vez um trabalho de Maria Beatriz Breves Ramos, "Macromicro – A Visão Psicofísica Quântica da Psicanálise", publicado no Boletim Científico Nº10/93 da Sociedade Brasileira de Psicanálise do Rio de Janeiro, tive um sentimento de "achado", pois visualizei a possível solução de um conflito pessoal. Um conflito que dividia o meu ser em dois caminhos: o da ciência, como psicóloga e psicanalista; e o da alquimia, com formação em terapia floral (a ciência das essências florais).

Aquela situação criava um certo constrangimento, pois, no meio de psicanalistas, eu não era aceita utilizando a prática das essências florais; e no meio dos terapeutas florais, os chamados "alternativos", eu não era aceita como psicanalista. Para complicar mais ainda a questão, o Conselho Regional de Psicologia, naquela época, não aceitava o psicólogo atuante na prática de florais. Editou uma resolução, a de nº 029/95, que continha a metáfora "caça às bruxas" (em 1997, foi revogada esta resolução).

Percebi que Maria Beatriz, com sua pesquisa, iniciava uma ciência que não dividia o ser humano. Ela representava um sentir que aflorava no meio de tanta divisão; e foi nesta vibração que mantive contato com a sua pessoa e seus trabalhos posteriores.

Maria Beatriz, em seu dilema de cientista nata, vivenciou, na sua formação de psicóloga e de psicanalista, fenômenos do ser humano (demonstrado através de relatos de casos clínicos) que, no seu ponto de vista, para serem compreendidos exigiriam mais conhecimento. Assim, resolveu ampliar seus estudos fazendo a graduação em Física; e durante onze anos estudou, pesquisou e desenvolveu a teoria "a Ciência do Sentir", buscando, portanto, dentro do código da ciência, outras concepções que ampliassem a visão da consciência humana.

Quando o seu primeiro livro foi lançado, "Macromicro – A Ciência do Sentir", eu já me considerava uma seguidora de suas idéias. Sempre incluía o conceito "Macromicro", a Ciência do Sentir, em minhas palestras e nos trabalhos que eu realizava na clínica.

Através deste novo campo de ciência encontrei um novo espaço e voltei a ser inteira, fazendo a complementaridade da psicanálise com a terapia floral.

No campo das práticas psicoterápicas alternativas, está presente a concepção de que corpo e mente são a mesma coisa; e um outro aspecto também presente nesta prática é a compreensão do campo vibracional do sujeito. O efeito da terapia floral é através da energia vital, ou seja, as essências florais são mensagens vibracionais, são energias sutis.

Segundo Maria Beatriz, o ser humano é captado pelo sistema perceptivo humano em dois níveis: macro e micro. No nível macrocósmico, o nosso sistema perceptivo capta o nosso ser como biológico e material. No nível microcósmico, o nosso sistema perceptivo capta o nosso ser como psicológico e não material. Nesta concepção não existe a distinção entre psíquico e corpo, "(...) tudo é uma questão da possibilidade e da impossibilidade da nossa percepção. Psíquico é corpo e corpo é psíquico – o Macromicro". Assim foi escrito em seu primeiro livro, e prosseguiu: "Somos um sistema vibratório. O macromicro é um sistema vibratório. Como estamos verificando, em qualquer nível, macrocósmico ou microcósmico, estamos sempre lidando com situações dinâmicas que se interagem em movimentos vibratórios." (p.115)

Neste momento, convido você, leitor, para se juntar a mim em uma viagem de des-coberta, ou seja, convido para tirar a coberta, no sentido de permitir ver o inimaginável e explorar novos paradigmas. Assim como também deixar de lado concepções sobre o que chamamos de realidade e aprender com "O Homem Além do Homem".

Este livro descreve, através do tempo, o conhecimento passando por diversas metamorfoses e, como diz Maria Beatriz, no capítulo I, nos "obriga a reconstruir o conhecimento, a começar de novo, a modificar a nossa realidade. (...) A história da humanidade demonstra que o homem teve e ainda possui diversos paradigmas traduzidos como concepção de visão de mundo (...) Assim, só restará à humanidade desaprendê-las para aprender outras leis em um outro paradigma de espaço-tempo e movimento".

Aponta para pontos relevantes, sendo um deles a ruptura, no século XVI, da ciência com os dogmas da religião ocidental. Esta ruptura foi produtiva para o desenvolvimento tecnológico, mas criou um outro dogma, ou seja, o dogma da própria ciência, no sentido de não permitir nenhum novo paradigma em sua estrutura.

"O Homem Além do Homem" também sinaliza que a concepção é uma invenção do ser humano e, ainda, que irá variar de acordo com as necessidades de se obter um parâmetro neste universo inimaginável de possibilidades, ou melhor, de concepções.

No capítulo II, está escrito que "(...) no princípio, até a Renascença, o que importava era a qualidade. Da Renascença até o século XX, o que importou foi a quantidade. E, hoje, já vemos nascer o terceiro momento: a importância de convergir quantidade e qualidade". É neste momento que, entendo, Maria Beatriz se lança para teorizar "O Homem Além do Homem", apresentando uma ampliação da concepção "Macromicro", da Ciência do Sentir, que possibilita a continuidade dos seus estudos, criando assim mais um conceito, o da "dimensão H, que constitui a base de todas as concepções humanas; e, indo mais além, no capítulo III, demonstra "que o (...) campo de ação da dimensão H é essencialmente vibratório e, isto, acrescentado que o ser humano é em si mesmo um complexo vibratório".

Através de um outro conceito proposto, o da dimensão h, veremos, e vivenciaremos, a dificuldade para modificarmos as nossas concepções. Como descreve a autora no capítulo IV, a modificação de nossa estrutura psíquica "é muito difícil porque provoca vibrações e, neste caso, vibrações de sofrimento".

De fato, o título deste livro, "O Homem Além do Homem", representa novas dimensões. E nesta exploração estudaremos o grau de complexidade de nossas concepções, que irá variar com a quantidade e qualidade das vibrações com que interagimos. São as interações com as "coisas" (qualquer ser vivo), como, também, as dos "genes", que são em sua estrutura um complexo macromicro e, portanto, transmitem registros em potenciais vibratórios, que são processados pelo meio ambiente através da ressonância, levando a um possível estudo de vidas passadas, sem o rompimento com a ciência, mas ampliando a sua visão.

Penetrando nesta dimensão, veremos a sua aplicabilidade na concepção de saúde e qualidade de vida, podendo assim conceber a ciência do sentir num holo com a espiritualidade, pelo qual é apresentado, neste estudo, um método para a ciência do sentir.

Metaforicamente:
Macromicro – A Ciência do Sentir
Busca no oculto
Num estudo culto
Atravessando pela alquimia
Bio ... psico... física....
Química da vida
Um quantum de ser e ter
A entidade, fagulhas divina
Dos invisíveis prótons, elétrons e nêutrons
Visíveis no sentir
Na inter-conexão
No in-telecto
No in-consciente
No im-possível
No ir além

Virginia Lopes Sampaio

Psicóloga (UGF/RJ), com pós-graduação em psicanálise no (IBRAPSI), formação Holística em Terapia Floral/Prof. Hércules Jaci e Cinesiologia Aplicada (Three in one Concepts- de Gordon Stokes & Daniel Whiteside). Trabalhou durante 15 anos no Centro Psiquiátrico Pedro II, órgão do Ministério da Saúde sediado na cidade do Rio de Janeiro, atuando na área clinica e docente (Programa de Residência em Saúde Mental). Atualmente na Coordenação de Desenvolvimento e Planejamento de Recursos Humanos – CODER/CGRH, no Ministério da Saúde/DF, desenvolvendo o Projeto Promoções das Ações do Gênero na Função Pública.

INTRODUÇÃO

A Ciência do Sentir, inicialmente, por ter sido construída a partir de uma interdisiciplinaridade, não era concebida como um ramo específico da ciência. No entanto, com a evolução e expansão da pesquisa, compreendi que o conjunto de informações e conhecimentos ao serem integrados criou um campo próprio, independente e específico, de estudo e pesquisa.

A concepção da natureza como um complexo macromicro vibratório e do ser humano, também, como um complexo macromicro vibratório, ou seja, um ser que é, pertence e habita o cosmos, onde a vibração é a experiência de sentir, convergiu para um campo próprio de pesquisa no campo da ciência. Um campo onde se faz possível pesquisar o sentir acrescentando-se à atual concepção de ciência – uma concepção quantitativa, materialista e à margem das emoções – uma outra, qualitativa, não materialista e que inclui as emoções.

Assim, a Ciência do Sentir se propõe como um campo de pesquisa, dentro do campo da ciência, que tem como objeto de estudo o sentir, e *O Homem Além do Homem* vem para conceber esta posição.

No entanto, pesquisar, escrever e falar sobre o sentir só faz sentido se for sentindo. O grande desafio é construir, no campo da ciência, um modelo teórico para o Sentir que não seja experimentado como frio e calculista, mas que seja sentido com todas as implicações do sentir humano; e, isto, entendemos, só é possível se o leitor puder sentir. Portanto, transmitir a Ciência do Sentir é antes de tudo possibilitar que o outro sinta as informações nela contida.

Considero importante dizer que nenhuma palavra em *O Homem Além do Homem* foi escrita sem que não tivesse sido sentida por mim. A bem da verdade, enquanto pesquisava para escrever este livro, fui obrigada a repensar a minha vida, os meus valores pessoais, a inserção da minha pessoa na sociedade, no planeta e no cosmos. E ao escrever este livro, vivendo os meus mais profundos sentimentos, precisei tentar ir além de mim mesma, a fim de encontrar meios para transmitir os conceitos da Ciência do Sentir.

Nesta busca, uma das coisas mais importantes que aprendi no cotidiano de minha vida foi que para achar algo é preciso que ele esteja perdido, caso contrário não há nada para achar. Levando este aprendizado para a vida, descobri que, se nos dispomos a procurar além do que possuímos, temos que estar dispostos a nos perder, pois só assim temos a chance de achar. E, provavelmente, será assim que o leitor se sentirá em boa parte, se não na maior parte deste livro.

Provavelmente ficará pensando "onde ela quer chegar?", "isto mais parece peças de um quebra-cabeça desmontado!". Não se preocupe, siga na procura.

Poderá, também, em certos momentos da leitura, não compreender e pensar "será que não sou inteligente o suficiente para entender?" ou "será que eu teria que ter lido o primeiro livro (*Macromicro, a Ciência do Sentir*) para compreender?" Não se preocupe, siga na procura, mesmo que não tenha podido compreender algumas das idéias apresentadas no livro.

Até porque em *O Homem Além do Homem*, ao evoluir com alguns conceitos da Ciência do Sentir, não existiu a preocupação de demonstrar como foram concebidos os conceitos em sua base. Isto porque a estrutura da pesquisa, a base de como foram concebidos os conceitos, está demonstrada integralmente no que é considerado como a primeira etapa da pesquisa, publicada em 1998 – naquela ocasião, após onze anos de estudo – no livro *Macromicro – A Ciência do Sentir*, também lançado pela Mauad Editora. Mas não há necessidade da leitura da primeira etapa para a compreensão da segunda, salvo para aqueles que queiram se aprofundar nos estudos da Ciência do Sentir e isto porque o que você não teria condições de entender, por não ter lido o primeiro livro, é considerado parte e, sendo parte, não compromete o entendimento do todo.

Enfim, leia cada capítulo como se estivesse lendo um livro diferente e, dentro de cada um deles, procure seus próprios exemplos, suas próprias emoções. É importante que você não fique preso a mim e possa construir, dentro de você, o seu próprio livro.

Permita-se sentir a angústia do desconhecido, o sofrimento de se ver perdido e você verá que, pouco a pouco, cada capítulo começará a fazer sentido e, utilizando o exemplo acima, o "quebra cabeças" começará a tomar forma. E, ao final, a expectativa é que tenha conseguido evoluir "você além de você".

PARADIGMA E CONCEPÇÃO DE MUNDO

Estamos tão acostumados a conceber o mundo em perspectiva, ou seja, com profundidade, largura e altura medidas de forma matemática, quantitativa e proporcional, que acreditamos ser assim.

Entretanto, isto não representa uma realidade. A perspectiva, como uma maneira de representar o mundo em que vivemos, surgiu no Renascimento; e, sendo uma representação do mundo, não significa que tenha sido sempre assim e, ainda, que será sempre assim.

A perspectiva é uma concepção de mundo, pois, de fato, a percepção de profundidade no ser humano é muito mais complexa do que um conceito matemático tridimensional, proporcional e quantitativo.

Vivemos, muitas vezes sem perceber, em padrões, ou melhor dizendo, em paradigmas. São paradigmas de móveis, de casas, de roupas etc. Assim como também vivemos, muitas vezes sem perceber, em paradigmas de comportamentos. São paradigmas de boas maneiras, de relações etc.

Espera-se que uma mesa possua quatro pernas, porque este é o nosso padrão ou paradigma de mesa. Espera-se que um adolescente apresente certa rebeldia, porque este é um padrão ou um paradigma de comportamento de um adolescente de nosso tempo e de nossa cultura.

Quando nos defrontamos com algum paradigma diferente, estranhamos e, muitas vezes, até o rejeitamos.

Alguns padrões são convenções estabelecidas com o propósito de unificar a comunicação entre os homens, em função, muitas vezes, do bem-estar comum.

Se não houvesse, por exemplo, um padrão de medida, ficaria muito difícil ir a um supermercado comprar arroz. Uma pessoa poderia solicitar, de acordo com uma medida estabelecida por ela, um punhado de arroz. Por outro lado, o supermercado, de acordo com uma medida estabelecida por ele, poderia dizer que só venderia arroz em grãos contados. Um terceiro indivíduo poderia chegar, ainda, com uma terceira forma para medir a quantidade de arroz e solicitar três copos de arroz. Seriam tantas medidas quanto a criatividade humana permitisse. Todos haveremos de concordar que seria uma tortura comprar arroz, ou qualquer outra coisa, se não existisse o quilo e/ou o litro e/ou outras medidas convencionadas.

Portanto, padronizar as nossas vidas traz conforto, bem-estar e facilidade de comunicação. Assim, o paradigma é necessário e importante para a nossa qualidade de vida.

O problema faz-se pela dificuldade de as pessoas abandonarem um paradigma ou quando se acredita que um paradigma traduz uma realidade do universo.

Barker, em vídeo[1], propõe que um novo paradigma, muito mais que um novo padrão, é um **ponto zero**, no qual tudo se inicia novamente, obrigando o indivíduo a abandonar o seu antigo modelo de conhecimento, comportamento, visão etc. para começar tudo de novo e, assim, aderir a um novo padrão. Segundo a sua redefinição, um novo paradigma traz um começar de novo, em que tudo o que aprendemos se situa no passado e esta seria a causa da dificuldade de as pessoas aderirem a um novo paradigma.

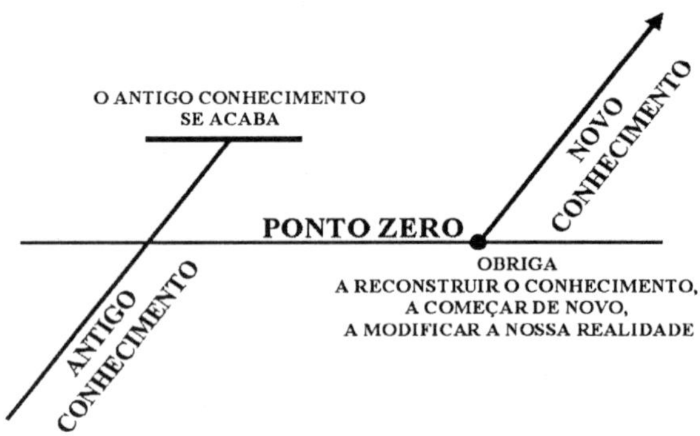

Um exemplo bastante atual de um novo paradigma são os caixas eletrônicos de um banco. Os bancos, valendo-se da tecnologia da informática, vêm modificando o seu paradigma de atendimento ao cliente.

---

[1] Joel A. BARKER, **Discovering the Future (The Business of Paradigms)**, vídeo.

No paradigma antigo, se um cliente queria depositar, pagar uma conta ou retirar dinheiro, ia ao banco, entrava em uma fila e aguardava a sua vez para ser atendido pelo caixa humano. Quando chegasse a sua vez, falava com o caixa o que desejava fazer e este realizava a operação solicitada. Assim, o aprendizado necessário era ir ao banco, entrar na fila e se comunicar com o caixa humano.

No paradigma novo, se um cliente quer depositar, pagar uma conta ou retirar dinheiro, ele já não precisa ir ao banco. Basta ir a um caixa eletrônico, referente ao seu banco, ou ir a um banco 24 horas, e retirar o dinheiro; e, ainda, para pagar, possui a opção de se conectar com o seu banco via internet. Para realizar estas operações, o aprendizado necessário para funcionar no paradigma anterior não serve para nada. Faz-se necessário desaprender para aprender novamente em outro paradigma. Conseqüentemente, existem muitas pessoas que não conseguem abandonar seu aprendizado anterior, por dificuldades que serão discutidas adiante, e inserir-se em um novo paradigma.

Ainda, dentro da tecnologia da informática, o próprio uso do computador com e-mail, processador de textos etc. é um novo paradigma. No entanto, ainda existem muitas pessoas que não conseguem sentar-se em frente a um computador, preferindo, por exemplo, uma máquina de escrever ao processador de textos. Isto porque, para introduzir-se na utilização da informática, faz-se necessário abandonar os conhecimentos antigos e aprender novamente, em um outro paradigma.

Nos exemplos citados, fica relativamente fácil visualizar os paradigmas em questão, mas nem sempre é assim. Muitas vezes, um paradigma, como, por exemplo, um padrão cultural, está tão impregnado em nossa subjetividade que nem sempre é possível distingui-lo como um padrão apreendido e, portanto, preestabelecido por uma época. Dentro deste tipo de paradigma entendemos a concepção de visão de mundo.

A história da humanidade demonstra que o homem teve e ainda possui diversos paradigmas traduzidos como concepções de visão de mundo.

Como um exemplo, para nós, nascidos no século XX, na cultura ocidental e inseridos em uma concepção de espaço quantitativa e proporcional, fica praticamente impossível imaginar um mundo representado à margem da perspectiva. Chegamos a pensar que a visão antiga, a concepção qualitativa de espaço, estava errada. Mas, como veremos adiante, a concepção qualitativa de espaço prevaleceu até o Renascimento como uma visão de mundo e influenciou todas as áreas do conhecimento até o século XVI. Sendo assim, não era uma concepção errada, mas apenas uma outra concepção, ou, melhor dizendo, um outro paradigma de visão.

Mesmo a tese de Aristóteles para o movimento, que muitos anos depois foi desbancada por Galileu, nós podemos afirmar, não era, necessariamente, uma tese errada. A tese de movimento de Aristóteles estava correta se a compreendermos inserida em um outro paradigma de visão de mundo.

Até porque um modelo teórico torna-se uma lei quando ele atende ao ser humano em seu momento histórico. E as leis de movimento de Aristóteles, com certeza, atenderam aos seres humanos de sua época. Caso contrário não teriam se sustentado por, aproximadamente, 1800 anos. Nesse sentido, elas nunca foram erradas. Elas só se tornaram equivocadas quando o momento histórico apresentou-se com uma outra concepção de mundo.

Quem pode garantir que as leis de Newton, tão utilizadas hoje em dia, não serão concebidas como ultrapassadas, ou até mesmo equivocadas, no futuro?

Como uma hipótese, quando o homem do futuro estiver se transportando pelo universo, desmaterializando-se aqui e materializando-se acolá, ou seja, quando estiver inserido em novas concepções de espaço-tempo e movimento, é bem possível, as leis de Newton não mais se aplicarão.

Assim, só restará à humanidade desaprendê-las, para aprender outras leis situadas em um outro paradigma de espaço-tempo e movimento.

ALGUMAS CONCEPÇÕES DE MUNDO

Se a arte expressa uma interpretação do mundo, dentro do que se conhece, foi através do surgimento da arte, na era paleolítica superior, com o homem de Cro-Magnon, que tivemos acesso ao que seria, talvez, a primeira concepção de mundo manifestada pelo homem.

Dentro das hipóteses mais aceitas, as pinturas nas cavernas feitas pelo homem de Cro-Magnon expressam uma interpretação de uma natureza inserida na magia propiciatória, ou seja, acredita-se que aquele homem interpretava que se pintasse um touro em sua caverna, ele possuía o touro.

> O homem pré-histórico vivia num mundo mágico. Pintar um bisonte era pintar *o bisonte*, pois cada animal deveria ser a *soma* ideal dos bichos daquela espécie já vistos pelo artista. Por isto, os detalhes são abolidos, para não particularizar o animal e dificultar o efeito da magia – o que revela uma notável capacidade de abstração. A razão é simples: pintando um bicho de presa quebrada, por exemplo, o efeito da mágica só valeria para aquele[1].

Seus sentimentos também eram expressados através da arte.

> Ao pintar os animais que temia, o artista primitivo realçava a força, a tensão, o movimento, dramatizando-os num notável trabalho de observação e de síntese. Já com as renas e cavalos, outro é o espírito das pinturas, mostrando animais graciosos, frágeis, o que revela no artista da Pré-História uma capacidade de interpretar a natureza e de expressar, através da forma que dá aos diferentes animais, aquilo que cada um deles significava para a sua gente[2].

Com "capacidade de representar três dimensões, ou seja, de enxergar, reproduzir e exaltar volumes"[3], este homem realizava esculturas.

[1] Sem Autor, **Arte nos Séculos,** Vol. I, p.33.

[2] ibid, p:35.

[3] ibid, p.34.

No entanto, também demonstrando alguma interpretação, a mulher, ao ser esculpida, não possuía rosto; e com relação ao sexo masculino, este jamais era esculpido, assim como não eram esculpidas as árvores, suas folhas e frutos.

Diferente de seus ancestrais da era paleolítica inferior, o homem de Cro-Magnon era capaz de cozinhar, vestir-se com as peles de animais, fazer armas mais sofisticadas etc. e também:

> A vida grupal tornou-se mais regular e mais altamente organizada do que antes (...) Existem provas suficientes de que o homem de Cro-Magnon tinha idéias muito evoluídas sobre um mundo de forças invisíveis. Dispensava mais cuidados aos corpos dos defuntos que o homem de Neanderthal, pintando os cadáveres, cruzando-lhes os braços sobre o peito e depositando, nas sepulturas, pingentes, colares e armas e instrumentos ricamente lavrados. Formulou um complicado sistema de magia simpática, destinado a aumentar a provisão de alimentos (...) sabia contar e com ele surge as primeiras notações numéricas da história da humanidade.[4]

Um aspecto que consideramos importante é que este homem não conceberia o mundo através de mitos, mas de ritos. Assim, o ser humano inicia-se como um Ser posicionado em seu mundo na concepção dos ritos.

> Os ritos, na maioria dos casos, vieram em primeiro lugar; os mitos, dogmas e teologias foram racionalizações ulteriores. O homem primitivo dependia universalmente da natureza – da sucessão regular das estações, da queda de chuvas nas ocasiões apropriadas, do crescimento das plantas e da reprodução dos animais. Esses fenômenos naturais não ocorreriam a não ser que ele cumprisse certos sacrifícios e ritos.[5]

Naquela época, o homem via-se obrigado a permanecer de forma isolada nas cavernas porque a temperatura da terra era muito baixa, ou seja, o homem não podia suportar de outra forma, a não ser tocaiado em cavernas, o gelo que cobria a maior parte de seu meio ambiente. Até então vivia experimentando a si mesmo como um ser submisso à natureza, não sendo capaz de transformá-la e, portanto, não ocupando um lugar diferenciado em si mesmo. Como ser, fluía no meio ambiente sem se ater a uma reflexão transformadora sobre sua posição no e do mundo.

---

[4] Edward Macnall BURNS, **História da Civilização Ocidental**. p:12-13.

[5] ibid, p:20.

Ainda sendo considerado pré-história, iniciou o período neolítico. Com a elevação da temperatura na terra, o homem finalmente pôde expandir-se para além das cavernas.

É interessante observar que a pintura não mais ficava restrita ao fundo das cavernas, como no período paleolítico, mas nas suas entradas. Assim como também, ao contrário das pinturas de animais isolados, a arte daquele homem apresenta a vida grupal e inclui o sexo masculino.

Naquela época iniciou-se a domesticação dos animais, o cultivo da terra e, conseqüentemente, surgiram as primeiras comunidades.

O homem saiu do habitat das cavernas, passando a morar em casas construídas por ele. Passou a fabricar tecidos, cerâmicas e construiu barcos. Enfim, ocupou uma nova posição no mundo, saltou de uma experiência de ser submisso à natureza para uma posição transformadora de seu contexto ambiental.

Toda essa mudança organiza-se na chamada "comunidade primitiva".

> Nesta comunidade o solo pertencia a todos. Fazer parte da comunidade era uma condição fundamental para que o indivíduo tivesse a posse individual do solo. A comunidade primitiva se baseava nos laços de sangue, idioma e costumes.
>
> A economia (...) baseava-se na exploração da natureza, que incluía a caça, a pesca, a coleta e as primeiras formas de agricultura itinerante: iniciava-se a transformação da natureza pelo homem. Nesse estágio de desenvolvimento técnico precário, a sobrevivência dos indivíduos dependia inteiramente do fato de pertencerem a um grupo; e a sua posição nesse grupo dependia das relações de parentesco que mantinham com seus membros. [6]

Com a comunidade primitiva assistimos ao surgimento das instituições, da religião, do estado etc.

Observa-se que, gradativamente, o ser humano foi criando um vínculo com a terra. Simultaneamente, a sua fixação em comunidades expandiu-se mais e mais, atravessando, inclusive, os mares, começando assim a habitar diversas outras regiões do planeta.

---

[6] José Jobson de A.ARRUDA, **História Antiga e Medieval**, p:37

Faz-se curioso que ao se fixar e criar vínculos, o homem pode se expandir. Pode, através da ocupação de um limite não imposto, mas construído por ele, visto que uma caverna não poderia ser construída e, muito menos, expandida, começar a experimentar a si mesmo como um ser em expansão e transformador de seu contexto ambiental, ocupando, assim, um lugar diferenciado em si mesmo.

E, se o homem adquiriu noção de espaço, adquiriu noção de tempo.

A noção do tempo é manifestada em várias situações. Uma delas seria na capacidade que foi adquirida para prever e saber que poderia, por exemplo, ficar sem água, ou seja, antes, sem água, agora, com água, depois, sem água. Antes e depois sugerem uma noção subjetiva de escoamento de tempo. Assim, "líquidos, alimentos e sementes precisavam ser armazenados, e os potes de barro serviam para isto."[7]

A expressão da noção do tempo também apareceu através da expansão da música, da dança e do canto. O ser humano, entendemos, começou a descobrir o seu ritmo de ser.

Na pintura em si, este ritmo expressou-se através de uma arte que adquiriu movimento. Através dos traços mais leves, o artista "tenta (...) *animar* os personagens (...). Para indicar que o grupo de caçadores corre pelo campo, perseguindo um animal, o artista desliza seu pincel e apura seus traços (...) as cenas pintadas são mais vivas, sugerem velocidade, têm movimento"[8].

O homem acresceu aos ritos, os mitos. Iniciou-se como um Ser posicionado em seu mundo na concepção dos mitos.

> Esta economia produtora, e não mais coletora, só pode ter existido graças à atividade coordenada e ao trabalho em conjunto (...) Dados arqueológicos permitem supor que os aldeamentos neolíticos estavam dispostos com certa regularidade, e não espalhados ao acaso. Tudo comprova uma forma peculiar de organização social, cimentada por algumas práticas mágico-religiosas: os conhecimentos sobre a agricultura e o pastoreio facilmente se transformaram em crenças e superstições, que não podiam ser transgredidas sob pena de violentas represálias. Ir contra os misteriosos poderes que controlavam o sol e a chuva, a procriação das mulheres e animais significa-

---

[7] Sem Autor, **Arte nos Séculos,** Vol. I, p.47.

[8] Ibid, p.48.

va pôr em risco a sobrevivência de toda a comunidade, que se encarregava de castigar os infratores. Todavia, não há provas da existência de chefes ou reis nos tempos neolíticos: não foram encontrados túmulos ou moradias que, destacando-se pela riqueza ou monumentalidade, atestassem a supremacia e a dominação de um indivíduo sobre os demais.[9]

Assim como na pintura, a escultura não se apresentou naturalista, ou seja, não houve mais a preocupação de representar a natureza como uma cópia.

> Em geral são ídolos em pedra ou terracota – representações misteriosas da mulher-terra, da mulher fecundidade (...) as formas são estilizadas (...) As figuras femininas são mais símbolos que representações de um modelo.[10]

Com o passar do tempo, algumas comunidades primitivas, que se estabeleceram ao lado do rio Nilo, cresceram e formaram "pequenas unidades políticas chamadas **nomos**"[11] . Foram 22 unidades nomos que acabaram se unificando, formando uma estrutura social, com uma organização mais complexa. Surge a civilização egípcia, inicialmente, em dois reinos: o do norte e o do sul.

Vivendo em função do rio Nilo, a grande fonte de sobrevivência dos egípcios, a civilização egípcia formava uma sociedade altamente religiosa e voltada para a agricultura, onde o faraó era considerado como um deus e, dirigindo todo o estado, era o dono de todas as terras.

Com uma religiosidade politeísta e antropozoomórfica, a crença na vida após a morte levava os egípcios a conceberem que se o faraó fosse mumificado e conservado eternamente, a nação também se eternizaria. Essa fé, juntamente com a necessidade de controlar as águas do Nilo, influenciou todo o desenvolvimento arquitetônico, literário e científico do antigo Egito.

Em função das altas e baixas do rio Nilo, realizaram estudos astronômicos, construíram o relógio d'água e criaram o calendário.

---

[9] Ibid., p.43-44.

[10] Ibid, 50-51.

[11] José Jobson de A.ARRUDA, **História Antiga e Medieval**, p: 44.

A matemática foi desenvolvida para construir as pirâmides e outras obras públicas, assim como, também, na medicina "além de conhecerem uma variedade enorme de doenças (...) praticavam práticas cirúrgicas, até mesmo do crânio. Conheciam ainda os mecanismos da circulação sangüínea e as infecções dos olhos e dos dentes".[12]

Sendo o nosso objetivo a concepção e não o desenvolvimento histórico das civilizações, ou de suas artes, guardadas as particularidades de cada época e de cada povo, cada estilo de arte, sabendo que a história – e a história da arte – é um estudo árduo, profundo e vasto, nós não pretendemos penetrar nos seus detalhes, mas sim no espírito que norteou a interpretação do Ser e sua posição no mundo. Sendo assim, o que destacamos no antigo Egito é a marca da concepção espacial qualitativa, que preponderou até a Idade Média.

Para quem observa uma pintura egípcia ou mesmo a pintura medieval, se pensarmos que a qualidade espacial de um olho é estar sempre de frente, pois, para vermos, temos que olhar para a frente, realmente não faz nenhum sentido representar-se o olho de lado. O mais plausível, dentro de uma concepção qualitativa de espaço, é representá-lo de frente.

Portanto, através das pinturas, podemos verificar que o espírito presente nas interpretações do Ser sobre sua posição espacial no mundo, até então, apresentava o grande como grande, o pequeno como pequeno, a frente como frente, o atrás como atrás etc. O que importava era a qualidade das posições. Podemos encontrar pinturas nas quais o valor social do personagem pintado era representado a partir de sua posição social, ou seja, com um tamanho maior ou menor do que os outros personagens.

> O espaço era visto como composto de regiões qualitativamente distintas (...) do mesmo modo, não se podiam confundir as regiões em cima e embaixo, frente e atrás, direita e esquerda. Na arte, isso se manifestava na estranheza que hoje causa a pintura medieval: tudo é desproporcional e "errado". Mas, como os artistas medievais poderiam estabelecer relações proporcionais que, com qualidades distintas entre si, não possuem um denominador comum que as relacione?[13]

---

[12] Ibid, p:63.

[13] José Maria VALVERDE et alli, **História do Pensamento,** vol. 2, p.207.

Pensamos ser importante ressaltar que a pintura expressava uma concepção de mundo marcada pela observação e pela qualidade; e, sendo a noção qualitativa de espaço uma concepção de mundo, influenciou todas as áreas do conhecimento.

Em torno de 2700 anos atrás, com a pólis, inaugurou-se a filosofia e, ainda, em uma concepção qualitativa de espaço, o homem acresceu aos ritos e aos mitos a possibilidade de pensar a si mesmo como um ser à margem da mitologia. Iniciou-se um Ser posicionado em seu mundo na concepção de pensar o Ser.

Naquele lugar histórico, determinado como a base da cultura ocidental, o ser humano, que até então vivia impossibilitado de refletir sobre si mesmo, pôde "despertar" a sua capacidade de reflexão. Uma época que, ao marcar a ruptura entre o ser na concepção dos mitos e o ser na concepção do pensar o ser, teria determinado uma marca emocional de importância ímpar para a humanidade, a tal ponto que a filosofia influenciou todo o pensamento de uma época e mantém-se, com sua influência, até os dias de hoje.

> Os gregos glorificavam o homem como a mais importante criatura do universo e recusavam submeter-se às imposições dos sacerdotes ou dos déspotas, e até a se humilhar ante os deuses. Sua atitude era essencialmente laica e racionalista; exaltavam o espírito de livre exame e colocavam o conhecimento acima da fé.[14]

Poder pensar o Ser é poder pensar um Homem que ocupa um tempo-espaço no universo e é capaz de promover transformações em si mesmo e no lugar que habita.

Por exemplo, para Tales de Mileto (630 – 545 a.C.) a Terra era "um disco que flutua sobre a água"[15]; para Anaxímenes (séc. VI a.C.), "um plano sustentado pelo ar"[16]; para Anaximandro (610-545 a.C.), "um cilindro achatado e os astros (seriam) (...) luzes de fogo que entrevêem através dos furos de tubos de névoa do céu"[17].

Aristóteles concebia o universo como possuindo duas regiões: supralunar e sublunar. Os corpos pesados ficavam na Terra, na sublunar, e

---

[14] Edward Macnall BURNS, **História da Civilização Ocidental**. p: 149.

[15] José Maria VALVERDE et alli, **História do Pensamento**, Vol. 1, p.25

[16] ibid.

[17] ibid.

os corpos leves, no céu, na supralunar. A fumaça, por ser leve, subia; a pedra, por ser pesada, descia.

O mundo sublunar caracteriza-se pela imperfeição, o que equivale a dizer que as coisas que o compõem estão sujeitas à geração e à corrupção, isto é, ao nascimento, à degenerescência e à morte. A imperfeição também significa violência: o nascimento de uma coisa implica a morte de uma outra. Além disso, os movimentos físicos que ocorrem também são uma violência; para Aristóteles, os elementos do mundo sublunar possuem o seu "lugar natural" e só saem dali por violência. Assim, as coisas sobre as quais se pode atribuir a qualidade de "pesado" têm como seu lugar natural a Terra, e quando um movimento as retira desse lugar, elas ali retornam. É o que acontece quando se joga uma pedra (que é "pesada") para o alto; ela volta ao chão, pois ao retornar a ela é sua causa final. Do mesmo modo, os corpos "leves" tendem para o alto, que é seu lugar natural, e é por isso que sobe a fumaça de uma fogueira.[18]

Foi dentro desta concepção que Aristóteles pôde formular, como uma lei de movimento, que corpos mais pesados caíam mais rápido do que corpos mais leves. Por exemplo, a folha de uma árvore cairia mais devagar do que a sua fruta, por ser a folha mais leve do que a fruta. Esta lei perdurou até o século XVI, quando Galileu, inserido em uma outra concepção de espaço-tempo, demonstrou que a velocidade de queda de um corpo independe de seu peso.

Enfim, a concepção de Aristóteles só assimilava dois movimentos: para cima e para baixo.

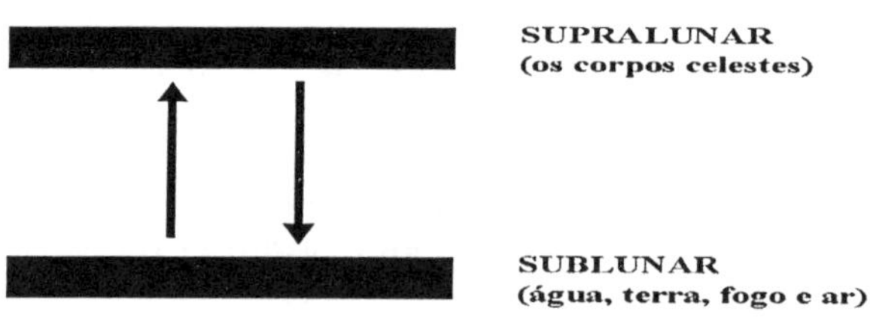

[18] ibid, p. 83 e 85

Evoluindo, na história da humanidade, a concepção Aristotélica estendeu-se à Idade Média, quando a Igreja, apropriando-se das idéias de Aristóteles, adaptando-as ao Cristianismo Católico e impondo seus dogmas, prosseguiu concebendo a Terra como o centro do universo, onde o lugar do homem permaneceu como um espaço estático e absoluto.

Quanto ao tempo, este também era absoluto e pertencia a Deus.

> No princípio da Idade Média o empréstimo de dinheiro a juros era proibido por uma Potência, cuja palavra constituía lei para toda a Cristandade. Essa potência era a Igreja. Emprestar a juros, dizia ela, era usura, e a usura era PECADO (...) A Igreja ensinava que, se o lucro do bolso representava a ruína da alma, o bem-estar espiritual é que estava em primeiro lugar (...) Assim, se alguém emprestava a outro cem libras, julgava-se que tinha o direito moral de exigir de volta apenas cem libras. Quem cobrasse juros pelo uso do dinheiro estaria vendendo tempo, e tempo não pertencia a ninguém, para que possa ser vendido. O tempo pertence a Deus, e ninguém tinha o direito de vendê-lo.[19]

Entendemos ser importante observar que uma concepção de mundo, de alguma maneira, pode vir estar a serviço dos interesses de alguns. No sistema feudal a Igreja era a maior proprietária de terras e ainda:

> Embora os bispos e reis combatessem e fizessem leis contra os juros, estavam entre os primeiros a violar tais leis. Eles mesmos tomavam empréstimos, ou os faziam, a juros – exatamente quando combatiam outros usuários! (...) Os banqueiros italianos emprestavam dinheiro em grande escala, fazendo negócios enormes – e freqüentemente, quando seus juros não eram pagos, o próprio Papa ia cobrá-los, ameaçando com um castigo espiritual! Mas a despeito do fato de ser um dos maiores pecadores, a Igreja continuava a gritar contra os usuários. [20]

Assim, a Igreja, ao "apropriar-se" da filosofia, levou a humanidade à submissão de seus dogmas e autoridades eclesiásticas. O ser humano iniciou-se como um Ser posicionado em seu mundo na concepção dos dogmas da Igreja Católica

---

[19] Leo HUBERMAN, **História da Riqueza do Homem**, p. 45, 46 e 48.

[20] ibid, p. 48 e 49.

Como um exemplo de se viver naquela concepção de mundo:

> No decorrer do século XIII, médicos leigos que mantinham a tradição hipocrática opuseram-se aos escolásticos, que condenavam a experimentação clínica. Este conflito social generalizado existia também em nível pessoal da mente dos próprios médicos. Por exemplo, Pietro Albano (1250-1316), da escola de Pádua, tentou reunir o raciocínio dedutivo aristotélico com os fatos conhecidos da medicina e foi condenado à morte pela Inquisição porque subestimou os princípios espirituais (...) se um médico não puder encontrar a razão para a causa da doença ou "se o paciente não puder ser aliviado por medicamentos, mas pelo contrário parecer ficar pior a eles, então a doença é causada pelo demônio.[21]

Portanto, naquela época, a mobilidade de movimento era praticamente nenhuma. Na ideologia Católica só se concebia a tendência para dois movimentos: o subir ou o descer. Um subir e um descer não na concepção de pensar o ser, mas na concepção dos dogmas católicos, ou seja, o homem subiria para o céu ou desceria para as profundezas do inferno e só a submissão à Igreja Católica poderia elevá-lo ao céu.

Pensamos que, como um reflexo desta concepção, no período Feudal, a vida, do dia-a-dia do homem, era estruturada dentro de seu contexto. Se um senhor feudal vendesse suas terras, ele se mudaria, mas os camponeses permaneceriam no lugar.

Diante da concepção de que a Terra era o centro do universo e fixa, fica relativamente fácil compreender porque a riqueza era estática e absoluta, ser rico era possuir terras e não havia circulação de dinheiro. Esta é uma concepção que fixa o homem na terra de forma imutável e absoluta, como uma extensão da representação do espaço que se habita.

No Renascimento, a humanidade, libertando-se da concepção dos dogmas da Igreja, concebeu a perspectiva como uma forma de representar o mundo. Este passou a ser representado pelas medidas matemáticas, ou seja, tentou-se representar a qualidade da percepção através de quantidades proporcionais e definidas numericamente.

> A pintura no Renascimento é figura e espelho do mundo, que também é concebido ele mesmo como um jogo de espelhos entre as

---

[21] ALEXANDER, F.G. & SELESNICK, S.T. **História da Psiquiatria**, p. 103-105.

partes e o todo (...) Para isso, ele (o pintor) se vale da matemática, a fim de buscar a "justa medida" (...) Isso se observa no minucioso esquadrinhamento da tela em proporções precisas e rigorosas: é a técnica da *perspectiva,* pela qual se obtém um efeito de profundidade espacial do objeto retratado. Os cálculos para se chegar a isso são bastante complexos, mas consistem basicamente em projetar a realidade tridimensional numa tela, bidimensional, de tal modo que os objetos sejam representados em tamanho cada vez menor, proporcionalmente à distância que os afasta do olhar do artista. Por isso, também a perspectiva é um olhar. Ela reproduz na tela o campo visual do olho humano, que esquematicamente forma uma pirâmide entre as extremidades do que é visto e o foco da visão. Tal foco é o ponto de vista, único e fixo, a partir do qual o artista olha o mundo. Esse ponto corresponde na tela ao ponto de fuga, também único e fixo, geralmente situado no centro da tela (..). Entre o quadro e o olhar do artista (e do observador da obra), entre o ponto de vista e o ponto de fuga, há então também um jogo de espelhos, que provoca a sensação de que a pintura representa "corretamente" o mundo, em sua realidade verdadeira e objetiva. Tal sensação, porém, baseia-se em alguns pressupostos. Em termos estritamente fisiológicos e ópticos, o campo visual não converge para um único ponto da retina, pois o olho está em constante movimento. Por isso, há uma discrepância entre a realidade que o artista vê e o modo como ele acredita estar representando-a "corretamente". A perspectiva é então uma entre tantas outras maneiras de retratar o mundo: é, propriamente falando, uma invenção.[22]

Quando juntamente com esta mudança de ângulo de visão de si mesmo, ou seja, de sua concepção de mundo, o homem adquiriu mobilidade de espaço e apropriou-se do tempo – este já não pertencia mais a Deus, mas ao Homem – ficou nítida a expressão da natureza do quanto somos uma totalidade complexa e interligada, mediante a qual um acontecimento aqui é simultâneo a outro acontecimento acolá, sem que, necessariamente, um seja causa ou conseqüência do outro.

Assim, nesta totalidade complexa e interligada, com Copérnico e o Heliocentrismo, a Terra deixou de ser, de forma consagrada, o centro do

---

[22] José Maria VALVERDE et alli, **História do Pensamento,** vol. 2, p.206-207

universo. Isto determinou uma mudança de visão espacial: o sol passou a ser o centro do universo.

Com Galileu, foi demonstrada a relatividade do movimento. E, ainda, como uma possibilidade de libertação dos dogmas religiosos, o método científico, proposto por Galileu, abriu possiblidades para o saber no campo da ciência.

> O primeiro princípio do método galileano é a observação dos fenômenos, tais como eles ocorrem, sem que o cientista se deixe perturbar por preconceitos extra-científicos, de natureza religiosa ou filosófica (...) O segundo princípio do método de Galileu consiste na experimentação. Segundo esse princípio, nenhuma afirmação sobre fenômenos naturais, que se pretenda científica, pode prescindir da verificação de sua legitimidade através da produção do fenômeno em determinadas circunstâncias (...) O terceiro e último princípio da metodologia galileana estabelece que o correto conhecimento da natureza exige que se descubra sua regularidade matemática[23].

Paralelamente, acompanhando este lugar diferenciado do Homem em sua própria história, a América foi descoberta e, associada à concepção de tempo representando dinheiro, a moeda passou a circular, ocorrendo uma mudança nas relações políticas, econômicas e sociais.

O novo continente integrou-se à Europa na qualidade de colônias, o que acarretou o crescimento das cidades, a prosperidade da atividade mercantil e o surgimento da burguesia que, como uma nova classe social, representou uma transformação na identidade do ser humano daquela época.

Abrindo um parênteses, é curioso observar que esta simultaneidade também ocorreria no aspecto evolutivo das espécies:

> Examinando a evolução das formas atuais, nunca se poderia suspeitar dos surpreendentes tipos evolutivos encontrados nos registros fossilíferos, quer de plantas quer de animais. O estudo da formação das espécies em organismos recentes mostrou que as mudanças, conduzindo a novas espécies, ocorrem muito lentamente, através de várias gerações. Devemos portanto esperar que a seqüência mais completa de mudanças, que determinam novos gêneros, de famílias,

---

[23] Sem Autor, OS PENSADORES, GALILEU E NEWTON, p. IX.

ordens e classes de organismos, seria na verdade muito gradual. Ao invés disso, os registros fossilíferos revelam que essas novas adaptações fundamentais tendem antes a surgir rapidamente. Além do mais, as épocas de origem não são distribuídas ao acaso através do tempo geológico, mas tendem a agrupar-se. Sabe-se que muitos novos grupos apareceram simultaneamente num curto período de tempo, persistindo daí por diante com relativamente poucas mudanças por períodos muito maiores. Em outras palavras, o grau de mudança relativo à evolução da maior parte dos organismo não é constante, mas ao contrário, extremamente variável. A maior parte dos filos animais, por exemplo, originou-se no fim do pré-cambriano e início do cambriano. Houve muitas mudanças evolucionárias dentro do filo desde o cambriano, mas somente um ou dois novos filos evoluíram. Da mesma forma, muitas das classes de invertebrados marinhos com conchas, que são comuns nos dias de hoje, evoluíram no fim do cambriano e início do ordoviciano. Da mesma maneira, a maior parte das ordens de mamíferos modernos evoluíram no oceano. Estes tempos de rápida diversificação são chamados de radiações evolutivas.[24]

Um outro aspecto importante é a observação de que a evolução da humanidade, em termos de concepção, não acontece de forma contínua, ou seja, um momento anterior não se extingue com o surgimento do momento posterior; ao contrário, eles coexistem.

Consideramos, no entanto, que as novas concepções representariam vários pontos zeros e que – em função da velocidade baixa de mudança de uma concepção de mundo, se comparada a outros tipos de paradigmas – coexistiriam com as antigas, até que elas, um dia, venham a se extinguir.

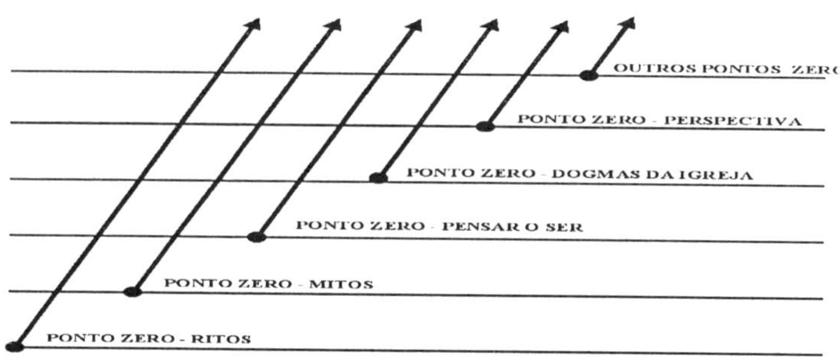

[24] A. Lee McALESTER. **História Geológica da Vida**. p.55

Hoje, ainda coexistem os seres posicionados nas concepções dos ritos, dos mitos, dos dogmas, da perspectiva etc.

Em termos de evolução das espécies:

> Não só a origem dos principais grupos é próxima no tempo como também seu desaparecimento, pois os registros fossilíferos mostram que os organismos tenderam a extinguir-se de maneira mais ou menos súbita e simultânea, porém, dentro da escala geológica de tempo cuja unidade é de milhões de anos. Os tempos de extinção são freqüentemente seguidos de períodos rápidos de radiação de outros grupos, sugerindo que os ambientes até então desocupados pelos seres extintos foram os ideais à nova experiência da evolução.[25] (grifo nosso)

No caso particular da espécie humana:

> A maior parte dos espécimes de Homo erectus foi encontrada em sedimentos cuja idade varia de 700.000 anos a cerca de 200.000 anos. Alguns espécimens se achavam associados aos Australopithecus na África do Sul, fazendo-se supor que ambos tenham sido contemporâneos durante um certo tempo, sendo mais tarde totalmente substituídos pelos seus descendentes de cérebro maior. Caso análogo se deu entre o Homo erectus e seu sucessor de cérebro ainda maior, o Homo sapiens. O homem fóssil da nossa própria espécie apareceu há cerca de 500.000 anos, sendo portanto contemporâneo do Homo erectus durante cerca de 200.000 anos.[26]

Como estamos verificando, seria como se cada nova espécie estivesse representando um ponto zero na evolução da vida.

Fechando o nosso parêntese, ainda com a Idade Moderna, a burguesia consolidou sua posição como classe social, o capitalismo emergiu como base econômica e ocorreu um avanço no campo da ciência.

Assim, o ser humano iniciou-se como um Ser posicionado em seu mundo na concepção da perspectiva.

> A Perspectiva representa, portanto, a mudança radical nesse modo de ver o mundo. Não só o espaço se reduz a três dimensões, mas

---

[25] ibid, p.56.

[26] ibid, p.163.

estas não têm qualidades distintas: dependendo do ponto de vista, a altura torna-se largura e vice-versa; não passam de relações numéricas. (...) Retratar "corretamente" o mundo é então concebê-lo segundo o modelo matemático, transformando-o em relações *quantitativas* e não mais como qualidades distintas. E nisso, mais do que em outros domínios culturais da época, a arte já anuncia a ciência moderna. Mas isso também significa que o mundo passa a ser visto e construído a partir de um ponto de vista, único, fixo e privilegiado: o homem. Do mesmo modo, o homem-artista separa-se do mundo que ele representa. Mesmo quando se realiza um auto-retrato, o que se representa é aquilo que é imaginado, construído, como sendo a verdade do retrato. Mas o verdadeiro autor está em seu ponto de vista: fora da tela.[27]

A concepção da perspectiva para representar o mundo, indiscutivelmente, trouxe grandes avanços para a humanidade, mas, também, levou o homem, o seu criador, a se confundir com a sua própria representação da realidade.

Incluiu-se, neste contexto, a física clássica.

Esta área da física concebe suas leis – dizendo de uma forma simplificada – dentro do campo que os nossos sentidos alcançam. Interpreta o mundo macrocósmico, o mundo do nosso dia-a-dia, de acordo com as leis de Newton. Apresenta uma concepção de mundo mecanicista, determinista, imaginável, material, quantitativa e matemática.

Neste contexto também se incluiu a concepção Cartesiana que, dividindo corpo e mente, situa o homem, com o seu emocional, em um lugar quantitativo, fora do cenário de si mesmo. Se concebermos que o ser humano é muito mais que uma massa, ou seja, que é um ser bio/psíquico/social, uno, inteiro e indivisível, altamente sensível, o fator de qualidade é determinante para o cenário de si mesmo em sua própria vida.

É curioso observar que se a concepção em perspectiva surgiu como um fator libertador dos dogmas, nos dias de hoje, através da ciência, tornou-se um novo dogma. Aquilo que não está concebido no modelo científico quantitativo e matemático não possui valor na comunidade científica e acadêmica, sendo visto como algo menor e, muitas vezes, desprezível.

---

[27] José Maria VALVERDE et alli, **História do Pensamento,** vol. 2, p.208.

Com a evolução científica, muitas descobertas foram realizadas e o homem foi evoluindo no desenvolvimento da tecnologia e, por conseguinte, na suas relações sociopolíticas.

A revolução industrial iniciada na segunda metade do século XVIII:

> (...) promoveu a revolução nos transportes, a qual, por sua vez, acentuou mais ainda o industrialismo.
>
> a) O surgimento da locomotiva a vapor provocou a multiplicação das estradas de ferro.
>
> b) A navegação a vapor e a invenção da hélice fizeram surgir grandes companhias de navegação, que ligaram todo o mundo.
>
> c) A redução dos fretes fez aumentar o consumo e, por conseqüência, a produção.
>
> d) O mundo tornou-se uma só unidade econômica, dependente do intercâmbio comercial.
>
> e) A especialização da produção dividiu o mundo em áreas industrializadas, as desenvolvidas, e áreas agrícolas e fornecedoras de matéria-prima, as subdesenvolvidas.[28]

No século XIX:

> o progresso da ciência fez multiplicar os inventores (...) o motor a explosão, o telefone, o microfone, o gramofone, a radiotelegrafia (...) os transportes públicos mecanizados, os pneus, a bicicleta, a máquina de escrever, a circulação maciça de notícias impressas a baixo custo, as primeiras fibras sintéticas, a seda artificial, os primeiros plásticos, a baquelita, etc.[29]

Mais uma vez, confundindo-se com sua concepção, a comunidade científica daquela época acreditou ter descoberto a mecânica da natureza e que, sendo assim, não haveria limites para a humanidade. Acreditou que o poder de domínio do homem sobre a natureza era apenas uma questão de tempo para adquirir mais informações e desenvolver tecnologia.

Iniciou-se um Ser posicionado em seu mundo na concepção da onipotência.

---

[28] José Jobson de A. ARRUDA, **História Moderna e Contemporânea**, p.135.
[29] ìbid., p. 133.

Um dos maiores exemplos conseqüentes desta onipotência foi, no século XX, o Titanic.

> (...) se levarmos em conta que nosso tempo marca o naufrágio das crenças – na religião, na ciência, na política – o episódio do "Titanic", em 14 de abril de 1912, é absolutamente emblemático (...) "Mesmo Deus não poderia afundar este navio", teria dito um marinheiro do "Titanic' a um passageiro (...) Nada mais eloqüente do que as estatísticas relativas aos mortos no acidente. Dos 337 passageiros da primeira classe, 60% sobreviveram à noite do dia 14 para o dia 15. Dos 285 de segunda classe, 44%. Dos 721 de terceira classe, apenas 25%. Dos 885 tripulantes, menos ainda viveram para contar a história: 24% (...) A estética do convés e a presunção de que o navio era inafundável haviam deixado o navio com menos botes salva-vidas do que os necessários para todos a bordo – menos da metade deles, para ser preciso[30].

Prosseguindo a evolução, foi na segunda metade do século XIX, com a iluminação elétrica, que a humanidade saiu da luz de vela para a luz elétrica.

> A luz elétrica foi concebida em primeiro lugar por Sir Humphrey Davy, aproximadamente em 1820, mas só se tornou um êxito comercial em 1879, quando Thomas A. Edison inventou a lâmpada de filamento incandescente (...) Somente ao completar o imigrante austríaco Nikola Tesla os seus experimentos com a corrente alternada, em 1888, é que foi possível instalar sistemas de iluminação nas ruas e nas casas de cidades inteiras.[31]

A energia elétrica culminou em toda base estrutural de nossas vidas no século XX, pois toda a tecnologia desenvolvida no século passado tornou-se dependente, direta ou indiretamente, desta energia.

Neste contexto surge a Psicanálise concebendo o homem dentro de determinadas leis pertinentes com o determinismo de uma época.

Freud propôs uma concepção de homem como um ser que busca o prazer através da descarga motora. Toda a sua teoria assenta-se nesta concepção, ou seja, o ser humano tende a: "sempre da forma mais econômica, evitar, através da descarga, o desprazer provocado pelo aumento de ten-

---

[30] Arthru, DAPIEVE, **A Crença na Ciência Viajava no "Titanic", p:122**

[31] Edward McNall BURNS. **História da Civilização Ocidental.** p.680-1

são, obtendo, assim, o prazer, o princípio do prazer (processo primário), e isto sempre em concordância com a realidade externa, o princípio da realidade (o processo secundário)".[32]

Freud nasceu em 1856, no mundo da luz de velas. Viveu todo o processo de descobertas e desenvolvimento tecnológico da segunda metade do século XIX, inclusive o da luz elétrica. Em 1888, quando se iniciou a produção de energia, Freud contava 32 anos de idade. A eletricidade e suas leis norteavam suas idéias e, com certeza, da grande maioria, se não de todos os cientistas de sua época. Seus conceitos, naturalmente, não se referiam à carga e à descarga da eletricidade, mas obedeciam, assim como toda a estrutura teórica da psicanálise, às leis da concepção de uma época.

Mas, também, sem dúvida, a psicanálise traz, não em sua construção teórica, mas em sua concepção, o que se tornou uma marca do século XX, a quebra da onipotência humana.

Na mesma época em que a psicanálise galgou seus primeiros passos, a física viveu um golpe no contexto da concepção da onipotência. No final do século XIX, uma experiência, conhecida como a experiência do "Corpo Negro", ofereceu resultados experimentais opostos aos que seriam concebidos pela física Newtoniana.

Iniciou-se um Ser posicionado em seu mundo na concepção da impotência.

Com Einstein, também a física começou a conceber o homem do século XX em uma outra concepção espaço-temporal.

Mesmo sendo determinista, a teoria da relatividade propõe o contínuo espaço-tempo, em que o tempo e o espaço caminham sempre juntos no contexto quadridimensional e deixam de ser absolutos para se tornarem relativos. Sempre que estivermos lidando com um sistema de referência na velocidade próxima à da luz e outro na velocidade próxima a zero (ou seja, a do nosso dia-a-dia se comparada à da luz), interagindo entre si, serão detectados os efeitos relativísticos do tempo se dilatando, o espaço se contraindo e a massa aumentando.

A arte, até então, desqualificada de tempo, como expressão de uma concepção de mundo, anunciou em sua teoria o pensamento de uma época, ou seja, introduziu o tempo na pintura. Como escreveu Kandinsky:

---

[32] Maria Beatriz Breves RAMOS, **Macromicro – A Ciência do Sentir,** p. 58-59.

O problema do tempo na pintura é autônomo e complexo. Foi ainda há pouco tempo que se começou a demolir o muro (...) tornou-se subitamente discutível através de um exame mais aprofundado (ainda que superficial) – feito, em primeiro lugar, pelos pintores. O fato de, em geral, ainda se ignorar o elemento-tempo na pintura demonstra bem a ligeireza das teorias dominantes, afastadas de qualquer base científica. Não ambicionamos aprofundar aqui esta questão, mas alguns factos que esclarecem a aparição do elemento-tempo devem ser sublinhados. *O ponto é a forma temporal mais concisa.*[33]

Na fronteira entre a onipotência e a impotência, duas guerras mundiais surgiram na primeira metade do século XX.

Seguindo esta mesma fronteira, na década de 30, a Física Quântica concebeu o Princípio da Incerteza, demonstrando que é impossível, para o homem, precisar a posição de um elétron. Assim, por mais adiante que a humanidade esteja no avanço tecnológico, haverá sempre uma indeterminação entre o ser humano e a natureza. Em outras palavras, há limites para o conhecimento do homem em sua condição humana.

O domínio da física quântica é o mundo microcósmico, o mundo do interior atômico. Onde, ao contrário da física Newtoniana, predomina o Princípio da Incerteza, o não imaginável, o não-determinismo etc.

Faz-se curioso observar que, com a física Quântica, os físicos podem, finalmente, começar a conceber em seu campo o que já é demonstrado pela própria evolução, não só do ponto de vista das concepções humanas, como também das espécies, ou seja, podem conceber uma simultaneidade de acontecimentos entre alguns fenômenos, que levam à sugestão de que nada aconteceria isoladamente, mas que tudo pertenceria a uma rede interligada e misteriosa.

Zohar (1990) traduz de forma clara, para leigos, a interligação entre os fenômenos no universo quântico. Ela sugere que pensemos, como uma analogia, em dois gêmeos que teriam sido separados desde o nascimento, sendo que um permaneceu morando em Londres e o outro foi morar na Califórnia, sem nunca mais terem se encontrado e/ou se comunicado. Observaria-se que ambos teriam adotado o mesmo apelido e que suas escolhas profissionais teriam sido as mesmas. E, ainda, quando, em um dado

[33] Wassily KANKINSKY, **Ponto Linha Plano,** p.43

momento, o gêmeo londrino quebrou uma perna, devido a um empurrão, simultaneamente, o outro, morando na Califórnia, também teria caído da mesma forma e, tal qual o londrino, teria quebrado a mesma perna.

> No nível subatômico, tais experimentos de correlação foram realizados muitas vezes usando-se pares de fótons correlatos. As influências não-locais que unem seus "estilos de vida" foram provadas muitas e muitas vezes. Os padrões de comportamento dos fótons são tão extraordinariamente ligados mesmo através de qualquer separação espacial – poderia ser uns poucos centímetros ou todo o Universo – que parece não haver nenhuma distância entre eles. Experiências similares foram realizadas para provar os mesmos efeitos espantosos de correlação no tempo. Eles conseguem vencer o tempo numa espécie de dança sincronizada que desafia toda nossa imaginação tão atrelada ao bom senso.[34]

Na segunda metade do século XX, o homem foi ao espaço e, pela primeira vez, observou a Terra de um outro lugar que não da própria Terra.

No contexto desta nova representação espacial, ocorreram mudanças nos papéis masculino e feminino, nos hábitos e nos valores.

Surgiu a Globalização, inventou-se o computador e, em conseqüência, a velocidade das informações tornou-se de tal ordem alta que ficou impossível para um homem sozinho acompanhá-la e, assim, começa a necessidade de os homens se unirem, através de grupos interdisciplinares.

Finalmente, no final do século XX, a humanidade começou a se conceber posicionada em um outro mundo: o mundo virtual.

No mundo virtual, no início do século XXI, observamos de forma nítida a concepção de espaço-tempo introduzida no século XX.

Para quem se insere no mundo virtual fica fácil perceber que o tempo se dilata e o espaço se contrai se comparados ao tempo e ao espaço do dia-a-dia, formando um todo (espaço-tempo) relativo.

Naturalmente, para que fique bem claro, esta alteração de tempo-espaço do mundo virtual nada tem a ver com a construção teórica proposta por Einstein. Nós não estamos falando de uma física em relação às suas leis e campo de observações. Estamos falando de concepções que norteiam

[34] Danah ZOHAR, **O Ser Quântico**, p.38.

simultaneamente várias expressões de mundo e, neste sentido, as leis da física também são formas de o homem conceber a natureza e, sendo assim, não formam um conhecimento isolado e imune à sua época.

Mas, tanto avanço na tecnologia levou a humanidade cada vez mais para guerras, fome e miséria. Talvez, com a supervelocidade de transformações, sem tempo para processar emocionalmente tantas informações, o homem confundiu-se com o saber, partindo-se em pedaços, inclusive o seu corpo e a sua mente, ficando a humanidade a serviço do saber e não o saber a serviço da humanidade.

Se fizermos uma retrospectiva na história da humanidade, podemos dizer que foram três grandes momentos.

No princípio, até a Renascença, o que importava era a qualidade. Da Renascença até o século XX, o que importou foi a quantidade. E, hoje, já vemos nascer o terceiro momento: a importância de convergir quantidade e qualidade.

Vemos isto claramente em vários segmentos e um deles seria o das empresas. Estamos saindo da era do Capitalismo e entrando na era do Conhecimento, em que a riqueza não está na quantidade de bens que se possui, mas no potencial humano que se tem.

A DIMENSÃO H

Vamos imaginar a natureza evoluindo de forma a que o ser humano alcançasse exatamente as mesmas condições que hoje possui, à exceção do sentido da visão. Como seria assimilado e concebido o mundo, ou melhor, como se desenvolveria a história da humanidade se o homem pudesse pensar, falar, ouvir, tocar, sentir o paladar e o cheiro das coisas, mas não pudesse enxergar?

Provavelmente, além da linguagem falada, haveria a linguagem escrita, mas esta seria concebida em um outro paradigma de impressão.

Carros, aviões, trens, bicicletas não existiriam, mas, certamente, o homem se locomoveria de um lugar para outro e, quem sabe, no início do século XXI, já teria chegado não somente à lua mas a outras galáxias. Isto seria perfeitamente possível porque o homem teria desenvolvido outros paradigmas de tempo-espaço e movimento, o que poderia ter nos levado a distâncias muito maiores.

Um objeto em estado sólido, provavelmente, seria qualificado como duro e em estado líquido, como macio. O gelo seco e o fogo, talvez, estivessem, com variações, na mesma categoria.

Enfim, cada um poderia imaginar o que quisesse porque, de fato, estamos tentando imaginar o inimaginável; até porque o deficiente visual de nosso meio não nos serve de referência, pois ele assimila um mundo construído por seres que possuem a percepção visual e, assim, tenta adaptar a sua deficiência ao paradigma construído por seres que possuem a visão.

Como um exemplo para este fenômeno, a parábola "A Idéia do Cego a respeito do Sol" nos apresenta uma boa referência de como a assimilação da natureza é complexa.

> Era uma vez um cego de nascença. Nunca tinha visto o sol e perguntava como era este às pessoas que enxergavam. Alguém lhe disse:

– A forma do sol é como uma bandeja de latão.

O cego bateu na bandeja de latão e ouviu o som. Depois quando ouviu o som de um sino, pensou que era o sol. Outra vez disse-lhe alguém:

– A luz do sol é como a de uma vela.

E o cego apalpou a vela, e pensou que era a forma do sol. Depois apalpou uma (grande) chave e pensou que era o sol. O sol é muito diferente de um sino ou de uma chave, mas o cego não pode dizer qual é a diferença porque nunca viu o sol. A verdade (Tao) é mais difícil de ver que o sol, e quando os homens não a conhecem são exatamente como o cego. Ainda que façais o possível para explicar por meio de comparações e exemplos, ela sempre aparece como a comparação da bandeja de latão e da vela. Do que se diz da bandeja, a pessoa imagina um sino, e do que é dito de uma vela, imagina uma chave. Desse modo, ela afasta-se cada vez mais da verdade. Aqueles que falam de Tao dão-lhe às vezes um nome de acordo com o que por acaso vêem, ou então imaginam sem ver a aparência que deva ter. Todos esses são enganos na tentativa de compreender o Tao.[1]

A natureza é macromicro, ou melhor, a divisão da natureza em macrocósmica e microcósmica não existe no real. Esta divisão é postulada pela condição humana.

(...) de acordo com a concepção macromicro, a nossa natureza é algo desconhecida para nós. O pouco que temos acesso direto de nosso universo é a forma como a nossa percepção, limitada por nossa condição, o capta, ou melhor, usando uma figura de linguagem, o "desenha para nós".

Assim, compreendemos que é a condição humana, limitada na sua relação com a natureza, que cria a fronteira entre o material e o não material, entre o visível e o invisível, entre o perceptível o não perceptível, entre a matéria e a energia. Fronteira que (...) não existe, mas que se faz presente, devido a forma como a evolução do universo "construiu" o homem. Nós, seres humanos, do jeito que somos hoje, estaremos sempre posicionados no referencial de nossos sentidos e, portanto, estaremos sempre limitados pela nossa percepção.[2]

---

[1] Su TUNGP'O . **Parábolas de Filósofos Antigos.** In: A Sabedoria da China e da Índia. p: 995

[2] Maria Beatriz Breves RAMOS, **Uma Introdução ao Macromicro – A Ciência do Sentir**, p:142.

E ainda:

> Como o nosso sistema referencial, os nossos sentidos só percebem o nível macro, a natureza estará sempre se apresentando a nós, seres humanos, sob os dois prismas macro e micro, e, conseqüentemente, mesmo o ser humano sendo macromicro, sempre se manifestará (ou melhor, sempre será percebido) macro e micro separadamente. Isto ocorre, mais uma vez para ratificar, devido ao sistema referencial dos nossos sentidos, ao qual estamos presos e com o qual nos observamos.[3]

Se entendemos que o universo, tal qual o concebemos, iniciou-se há, aproximadamente, dez bilhões de anos, no conhecido Big-Bang, foi por um processo de transformações, e evolução da natureza, que se chegou à condição humana.

No exemplo de uma espécie humana desenvolvida sem o sentido da visão, imaginamos um homem, aparentemente, mais limitado. Aparentemente porque não seria de fato um ser mais limitado, seria apenas diferente em suas limitações, assim como todo ser existente.

Começando pelo próprio sentido da visão, o homem concebeu um espectro eletromagnético.

ESPECTRO ELETROMAGNÉTICO EM COMPRIMENTO DE ONDA (m)

... 10^{6}	Rádio
10^{6} a 10^{4}	
10^{4} a 10^{3}	
10^{3} a 10^{2}	
10^{2} a 10	
10 a 10^{-2}	Microondas
10^{-2} a 10^{-3}	
10^{3} a 10^{6}	Infravermelho
da ordem de 10^{-7}	Radiação visível - "LUZ VISÍVEL"
10^{-7} a 10^{-8}	Radiação ultravioleta
10^{-8} a 10 - 10^{-11}	Raios X e raios Gama
10^{11} ...	Raios Gama

O sistema visual humano possui sensibilidade de recepção para uma faixa limitada das ondas eletromagnéticas, concebida como faixa visível. Além desta faixa, não pode ver, ou seja, não possui sensibilidade visual para as ondas do raio X, do infravermelho, de rádio etc.

---

[3] Ibid, **Macromicro – A Ciência do Sentir,** p: 84.

Paralela à sensibilidade para uma determinada onda eletromagnética, a posição dos olhos no ser humano também é um fator diferencial, se comparada à de outros animais. Além de distinguir e valorizar as cores, o que não acontece com todos os animais, o homem, devido à posição de seus olhos e toda a estrutura de seu sistema visual, consegue obter noção de profundidade. Em sua evolução, enquanto espécie:

> Outro aperfeiçoamento diz respeito à visão dupla do mesmo objeto, fato que permite a estereoscopia (noção de fundo, de relevo), o que não se dá nos outros animais, cujos olhos vêem em diferentes ângulos, quase sem superposição de imagens. Graças a esta vantagem, os primatas possuem a grande habilidade de locomoção sobre as árvores.[4]

Assim como com a visão, o mesmo se dá com o som. O homem escuta dentro de um limiar compatível com os limites de recepção do sistema perceptivo da audição: o limiar de audibilidade e o limiar doloroso.

O limiar de audibilidade estaria na freqüência mínima percebida pelo sistema auditivo do homem; e o limiar máximo, concebido como limiar doloroso, estaria onde o som começa a provocar uma sensação dolorosa ao ser humano.

Se compararmos o limiar de recepção dos sentidos auditivos, ele varia de animal para animal. Isto, porque o aparelho auditivo não sendo capaz de processar acima ou abaixo de tal limiar torna as ondas sonoras imperceptíveis para o ser em questão. Diante das medidas abaixo, podemos dizer que há muito mais sons na natureza do que os ouvidos humanos podem captar.[5]

---

[4] A. Lee McALESTER. **História Geológica da Vida.** p.150

[5] Fonte de dados: S.S. STEVENS & Fred WARSHOFSKY, **Som e Audição**, p: 194

RECEPÇÃO AUDITIVA EM CICLOS POR SEGUNDO

0 15mil 30mil 45mil 60mil 75mil 90mil 105mil 120mil 135mil 150mil

Cão	**15 - 50.000**
Homem	**20 - 20.000**
Crocodilo	**20 - 6.000**
Rã	**50 - 10.000**
Gato	**60 - 65.000**
Gafanhoto	**100 - 15.000**
Golfinho	**150 - 150.000**
Pintarroxo	**50 - 21.000**
Morcego	**1.000 - 120.000**
Mariposa	**3.000 - 150.000**

Assim como com a visão e a audição, também os sentidos olfativos possuem seus limites e diferenças entre os animais.

Nos animais de nariz comprido, cuja membrana nasal é enrugada de tal modo que tem uma grande superfície de contato, o olfato é extremamente desenvolvido. Por exemplo, o narigudo Fox Terrier possui cerca de 147 milhões de terminações nervosas olfativas em seu nariz. Já o gato tem cerca de 19 milhões e nós (os humanos), apenas 5 milhões (sem falar no) órgão de Jacobson (que) é o órgão de um sentido intermediário entre o paladar e o olfato, que nós (humanos) não temos. Liga-se por um duto ao céu da boca e transmite sensações sexuais para os centros do cérebro.[6]

Portanto, que pessoa poderia conceber o que significaria possuir o órgão de Jacobson? Torna-se praticamente impossível conceber porque nunca ninguém o experimentou para senti-lo e, assim, compreender seus efeitos sobre o cotidiano humano.

Se o ser humano possuísse o órgão de Jacobson, um sistema auditivo com um alcance de até 150.000 ciclos por segundo, um sistema visual capaz de se sensibilizar com todas as ondas do espectro eletromagnético,

[6] David TAYLOR, **Animais de Estimação GATOS**, p: 50

o mundo seria outro, pois, com a ampliação dos sentidos, a natureza seria assimilada com outra qualidade de representação.

Portanto, o ser humano só pode assimilar e conceber a natureza dentro de uma das diversas qualidades que ela pode assumir, ou seja, o homem só pode assimilar e conceber a natureza a partir de sua condição humana, a partir da sua Dimensão H.

Cada ser irá assimilar a natureza a partir de sua dimensão. Um gato assimila o mundo a partir do que podemos denominar de Dimensão G; um Cão, da Dimensão C; um morcego, da Dimensão M; e assim por diante. Até mesmo um vegetal possui a sua dimensão, naturalmente, limitada em parâmetros diferentes do humano e dos animais em geral. Como, também, a matéria não viva possui sua dimensão de assimilação. Um exemplo de assimilação, a partir de uma dimensão de matéria não viva, seria a possibilidade de uma rocha reter calor.

Assim, a dimensão H é o ponto de origem da criação de todas as concepções humanas, ou seja, a matemática, as ciências, a filosofia, os mitos etc., tudo o que o homem concebeu e ainda irá conceber. De fato, o ser humano configura-se, em si mesmo, como o próprio eixo da dimensão H.

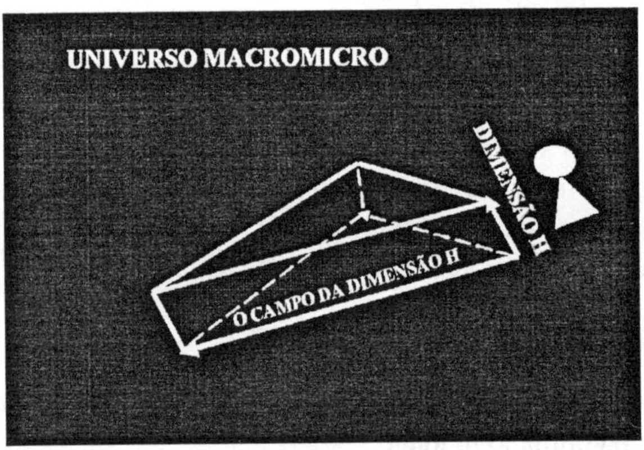

E, ainda, se o ser humano assimila o mundo externo através de sua sensibilidade para captar as diferentes condições de energia – como, por exemplo, o sistema perceptivo visual é sensível à energia luminosa, o auditivo, à sonora etc. –, o campo de ação da dimensão H é essencialmente vibratório, pois o ser humano é em si mesmo um complexo vibratório.

Se a nossa visão capta ondas eletromagnéticas e a nossa audição ondas mecânicas e, ainda, se os neurônios propagam uma corrente elétrica desencadeando os neurotransmissores e, como já descrevemos anteriormente, se tudo o que captamos através de nossos receptores percorre o nosso corpo através de padrões de pulso, o nosso organismo é um organismo em sua essência vibratório. (...)

Somos um sistema vibratório. O macromicro é um sistema vibratório. Como estamos verificando, em qualquer nível, macrocósmico ou microcósmico, estamos sempre lidando com situações dinâmicas que se interagem em movimentos vibratórios.[7]

Como um parêntese, diversas outras concepções propuseram um nome para o que concebemos como macromicro. O próprio Tao, citado na parábola do Cego, poderia possuir uma concepção semelhante. A diferença, no entanto, se faz em como foram concebidos.

No caso específico do macromicro, ele foi concebido dentro de um estudo desenvolvido inteiramente dentro do campo da ciência, ou melhor, dentro de uma concepção científica.

Fechando o nosso parêntese, um outro aspecto importante da dimensão H é que, se a mesma encontra-se em um universo em expansão, ela, também, encontra-se em expansão. Tal qual o universo, a cada instante, expande os seus limites, não só o ser humano como todos os seres expandem os limites de suas respectivas dimensões; e, assim, se viabiliza a evolução das espécies.

A idéia de que poderia existir neste universo algo isolado, alguma coisa que não interagisse com o todo, não procede dentro da concepção da ciência do sentir.

Como um exemplo, se na natureza há um som que não é sensibilizado e assimilado no campo da dimensão H, mas que é sensibilizado e assimilado no campo da dimensão da Mariposa, como o som de 130.000 ciclos por segundo, e se há uma intercessão entre a dimensão da Mariposa e a dimensão Humana, via mariposa, este som irá interagir com o homem.

Uma demonstração desta interação universal, através da intercessão, seria o fato de que quando o homem pode, em sua dimensão, expandir-se

---

[7] Maria Beatriz Breves RAMOS, **Macromicro – A Ciência do Sentir**, p. 106 e 115.

para o pensar, e os outros animais, em tese, não, interferiu em todos os outros seres que, em suas respectivas dimensões, não possuem este tipo de funcionamento. Por outro lado, a extinção da mariposa, ou de qualquer outro ser, afetaria o ecossistema terrestre, interferindo em todo o planeta.

Assim, de acordo com a Ciência do Sentir, sendo o universo macromicro um uno em expansão, ele não é estático, mas está em constante movimento através de uma engrenagem natural, pela qual o que o ser humano concebe como parte interfere no todo e o que concebe como todo interfere na parte.

Isto porque o universo macromicro não possuiria uma forma ou uma dimensão passível de ser assimilada pelo ser humano. A qualificação da realidade como partes (matéria e energia, psíquico e corpo, início e fim, etc) seria resultado da limitada condição humana, ou melhor, uma expressão dos limites da dimensão H. Em outras palavras, a realidade objetiva, advinda do mundo externo, estaria situada no campo da dimensão H. A assimilação da natureza na qualidade material, finita e limitada, ocorreria em função de como a condição humana, a partir da sua dimensão H, a qualifica. Sendo assim, por exemplo, a condição de matéria é produto da qualidade da observação humana.

Portanto, sendo, a partir do Dimensão H, o universo macromicro assimilado e processado pelo ser humano, podemos dizer que os conteúdos concebidos pela capacidade reflexiva do homem representam um aspecto virtual do universo e, neste sentido, o Eu, ou melhor, a Pessoa Humana seria um Ser virtual do universo.

A REALIDADE PSÍQUICA, O SENTIR HUMANO E A DIMENSÃO h

A maior prova de que o real existe como algo à margem da concepção humana, ou melhor, de que não é um produto da criação humana, mas algo em que o homem imprime as suas concepções, é o nascimento e a morte. Todos, sem exceção, nascemos um dia e morremos em um outro dia. Estes são dois fatos, conhecidos por nós, imutáveis desde que o homem se compreende como homem e, portanto, são dois fatos, indiscutivelmente, reais em nossas vidas. Naturalmente, o que será impresso como concepção de nascimento e de morte irá variar de indivíduo para indivíduo, de cultura para cultura, mas todos os seres vivos, até os dias de hoje, nascem e morrem.

De acordo com a Ciência do Sentir, nós, seres humanos, inseridos no mundo real, estaremos lidando com, pelo menos, duas realidades: a objetiva e a psíquica. A realidade objetiva advém das vibrações do mundo externo ao ser humano e a realidade psíquica advém das vibrações do mundo interno de cada um dos humanos, ou melhor, do mundo subjetivo. O real, como é percebido, seria o resultado da interação entre a realidade objetiva e a realidade psíquica.

Por exemplo, a figura abaixo será percebida e concebida como um gato.

Os nossos olhos, ao serem direcionados para a folha de papel, recebem a reflexão da luz que incide sobre o desenho do gato.

Em nosso cérebro inicia-se um processamento das imagens, ou melhor, dos raios luminosos captados a partir do desenho e, assim, formamos uma representação psíquica do que estamos observando. Identificamos esta imagem como o desenho de um gato porque temos, em potencial vibratório, o registro da imagem de um gato já assimilado e concebido algum dia por nós.

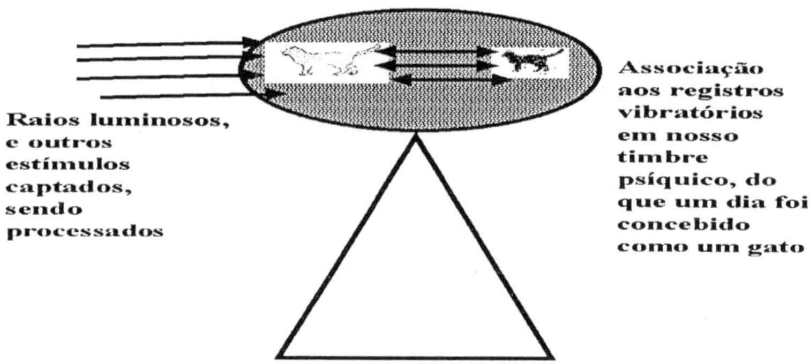

A visão é apenas um dos meios de recepção do mundo externo. Este mesmo processo se dá com os outros receptores de estímulos externos de nosso organismo. Por exemplo, o sistema auditivo capta ondas sonoras.

De acordo com a Ciência do Sentir, todos os estímulos recebidos ao longo de nossas vidas, desde a vida intra-uterina, ficam armazenados, em potencial, em nosso timbre psíquico, no nosso inconsciente, e estão prontos para serem acionados por outros estímulos recebidos. Ao ser acionado, o nosso timbre psíquico vibra com uma determinada qualidade e intensidade de vibração. Seria a produção destas qualidade e intensidade de vibração o que possibilita o sentir humano.

Por exemplo, para uma pessoa que tenha, em potencial, no seu timbre psíquico lembranças que associe gato com amor, ela vibrará algo sentido como bom e, assim, o desenho visto trará um sentimento bom.

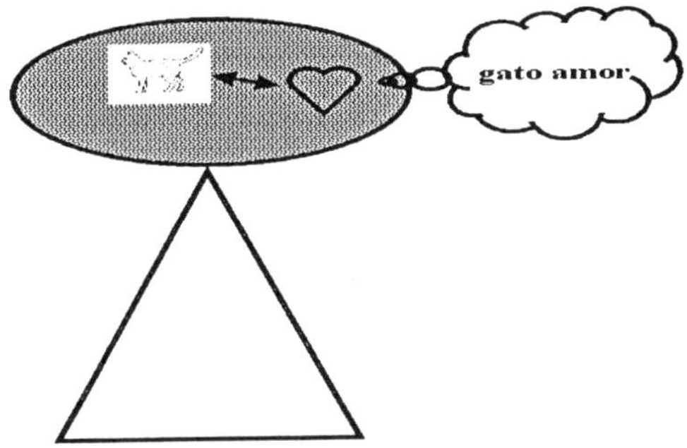

Mas para uma pessoa que tenha, em potencial, no seu timbre psíquico lembranças que associe gato com algo ruim, ela vibrará algo sentido como ruim e o desenho visto trará um sentimento ruim.

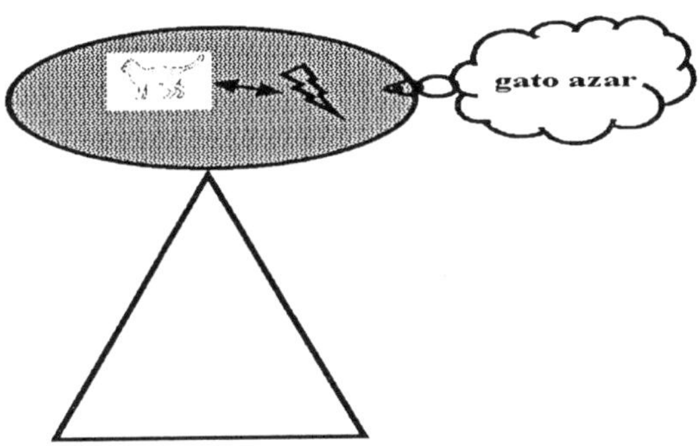

A realidade psíquica é resultado desta rede de associações. Esta rede cria uma estrutura psíquica em nosso timbre psíquico, própria a cada indivíduo, de milhões e milhões de variáveis que formam o mundo subjetivo; e é isto o que faz de cada ser humano um ser único. Mesmo gêmeos são diferentes em sua estrutura psíquica, porque cada um irá processar os estímulos recebidos de acordo com a realidade psíquica do seu mundo subjetivo.

No exemplo citado, se o gato será representante de alegria ou de repulsa irá depender de como cada um irá vibrá-lo em seu timbre psíquico.

Este processo se dá pela ressonância, através do princípio da Interação.

> Se um agente externo (...) emitir uma freqüência igual à freqüência natural de um corpo (...) ocorrerá o fenômeno da ressonância. (...)
>
> Por princípio, quando observamos o ser humano macromicro o fazemos: 1°) sempre localizados no referencial do sistema perceptivo; 2°) o observador estará sempre captando ondas mecânicas (a voz) e/ou ondas eletromagnéticas (a imagem) (e outras formas de energia, de vibração) que serão registradas e processadas no seu timbre psíquico, o que por si só estabelece uma interação; 3°) jamais podemos isolar um observador de seu meio para observar o complexo macromicro humano (ou qualquer complexo macromicro), ou melhor, jamais podemos observar um outro ser humano (ou qualquer outro ser) fora do campo de nossa interferência.[1]

Como um outro exemplo, vamos imaginar três pessoas: João, José e Mário, interagindo entre si.

João é real, logo, a pessoa de João será resultado de sua realidade psíquica com a sua realidade objetiva. Assim como, também, José é real, logo, a pessoa de José será resultado de sua realidade psíquica com a sua realidade objetiva.

Na interação entre João e José, surgirá um outro João e um outro José, ou seja, surgirá um João, resultado de como José o assimila em sua realidade psíquica e de como João vibra a si mesmo enquanto ser, sua realidade objetiva; e, vice-versa, surgirá um José, resultado de como João o assimila em sua realidade psíquica e de como José vibra a si mesmo enquanto ser, sua realidade objetiva.

A partir da interação com José, João já não será o mesmo, porque este assimilou, através da ressonância, a vibração de José dentro de si, em seu mundo subjetivo, e estas vibrações irão ficar armazenadas em potencial no seu timbre psíquico; e, vice-versa, a partir da interação com João, José já não será o mesmo, porque este assimilou, através da ressonância, a vibração de João dentro de si, em seu mundo subjetivo, e estas vibrações irão ficar armazenadas em potencial no seu timbre psíquico.

---

[1] Ibid, p.24 e 125.

Se um terceiro indivíduo participar desta interação, por exemplo, Mário, ele também será resultado de sua realidade psíquica com a sua realidade objetiva..

Vamos admitir que Mário possua uma vibração muito forte, seja uma liderança. Na interação entre os três, a vibração de Mário pode prevalecer.

Como estamos verificando, serão tantos Joãos e Josés e Mários quanto com tantas pessoas eles puderem interagir. Assim, não serão apenas duas realidades, mas serão tantas realidades quanto tantas pessoas existirem para transmitirem e assimilarem, pois cada uma possui sua própria vibração e sua própria realidade psíquica em função do seu mundo subjetivo.

Assim, na assimilação do real, haverá sempre, por parte de qualquer pessoa, um certo grau de afastamento entre a realidade objetiva e a realidade psíquica. Quando olhamos um gato podemos sentir indiferença, alegria, amor, raiva, medo, etc, um sentir advindo da realidade psíquica, mas sabemos que estamos lidando com o que foi concebido como um gato, uma vibração da realidade objetiva. No entanto, quando o grau de afastamento é muito grande – ou seja, se ao olharmos para um gato o assimilarmos como uma galinha e, por isto, quisermos que ele ponha ovos – estaremos com sérias dificuldades emocionais, de ordem psiquiátrica.

Em nosso dia-a-dia é importante estarmos atentos para a forma pela qual estamos assimilando o mundo. Faz-se fundamental que possamos conversar com o outro a fim de que possamos "afinar" ou não as nossas assimilações. Se não podemos conversar e sentir o outro, muitas vezes criamos situações totalmente adversas para nós mesmos.

Por exemplo, chegando ao trabalho, João olhou para José e o percebeu sério. Na véspera, vamos supor, João e José tiveram uma pequena discussão sem maiores conseqüências. Isto levou João a associar, em seu timbre psíquico, a falta de sorriso em José com a lembrança da discussão da véspera.

Em função de sua associação, João vibrou um sentimento ruim, concebido como raiva, em relação a José, porque, pelo seu ponto de vista, seria um absurdo estar aborrecido por causa daquela pequena discussão; e, assim, muito chateado com José, resolveu não falar com ele naquele dia.

Por outro lado, José, que nem se lembrava mais da discussão da véspera, mas estava com uma forte dor de cabeça naquele dia, ficou indignado por João não falar com ele justamente no dia em que estava adoentado; e, assim, vibrou um sentimento doloroso, concebido como mágoa de João e, também, resolveu ignorá-lo. E a confusão se instalou.

Inicialmente, nem João e nem José estavam se sentindo aborrecidos um com o outro. Em um segundo momento, porque não puderam conversar entre si, ambos estavam brigados um com o outro. E isto acontece muito mais do que imaginamos em nossas vidas.

Através de nossa realidade psíquica em interação com o meio, concebemos o nosso dia-a-dia. Concebemos, a partir das nossas vibrações em interação com as vibrações do meio, os nossos valores, ou seja, o que é e não é coerente para nós, o que gostamos e não gostamos, o que é belo e não belo, o que é honestidade e não honestidade, o que conseguimos amar e não amar etc.

Assim como, também, concebemos o aprendizado de nosso idioma, da linguagem matemática, da linguagem artística, maneiras de comportamento, etc E, ainda, em um grau de complexidade maior de nossa realidade psíquica, concebemos a nossa concepção de mundo.

O grau de complexidade de nossas concepções irá variar de acordo com a qualidade e com a quantidade de vibrações com as quais estamos interagindo. Interação com um grupo pequeno de pessoas nos possibilita paradigmas de concepção individualizada. Interação com uma sociedade inteira irá nos possibilitar paradigmas de concepção coletiva, mesmo sabendo que esta concepção de mundo coletiva irá variar, em um grau maior ou menor, de pessoa para pessoa. Por exemplo, faz-se uma concepção individualizada de uma determinada pessoa no sentido de se ela gostará ou não de uma outra pessoa; mas faz-se uma concepção coletiva no sentido de que o sexo masculino no Brasil não usa saia, mesmo que cada um tenha uma concepção individualizada de um homem que use saia.

A dificuldade para modificarmos as nossas concepções ou paradigmas advém de elas serem resultados do processamento dos estímulos tal qual serão associados em nossa estrutura psíquica. Assim, para modificar a concepção faz-se necessário modificar a estrutura psíquica, e isto é muito difícil porque provoca vibrações e, neste caso, vibrações de sofrimento.

Uma criança que nasce, por exemplo, na era da informática constrói sua estrutura psíquica dentro deste registro. Ao contrário, uma pessoa de 70 anos de idade terá que redimensionar a sua estrutura psíquica a fim de poder assimilar tal registro.

Como uma analogia, imaginemos um edifício antigo que não possuísse garagem e os moradores resolvessem construir um andar, de forma a conseguirem uma vaga de carro para cada apartamento.

Para tal obra ser realizada, com certeza, a estrutura do prédio teria que ser mexida e, em alguns casos, a única solução seria colocar o edifício abaixo e construir outro. Na relação de custo e benefício, acreditamos que os moradores desistiriam da idéia da vaga de garagem; tal e qual, na relação de custo e benefício psíquico, as pessoas desistiriam da idéia da assimilação de um novo paradigma ou de uma nova concepção, já que teriam de, em alguns casos, colocar a sua estrutura psíquica abaixo, chegando, assim, às margens do enlouquecimento e de grande sofrimento. Isto porque o novo paradigma estaria tão afastado da realidade psíquica do indivíduo, que ele não seria capaz de suportar a vibração de tal grau de afastamento com saúde mental.

Assim, se cada ser humano, em particular, possui a sua própria realidade psíquica, isto nos conduz, inevitavelmente, a diversas dimensões h; ou seja, se a espécie humana assimila e processa o mundo a partir da Dimensão H, cada ser humano, individualmente, assimila e concebe o mundo a partir da dimensão h. Portanto, a realidade objetiva se conceberia na dimensão H e a realidade psíquica, na dimensão h.

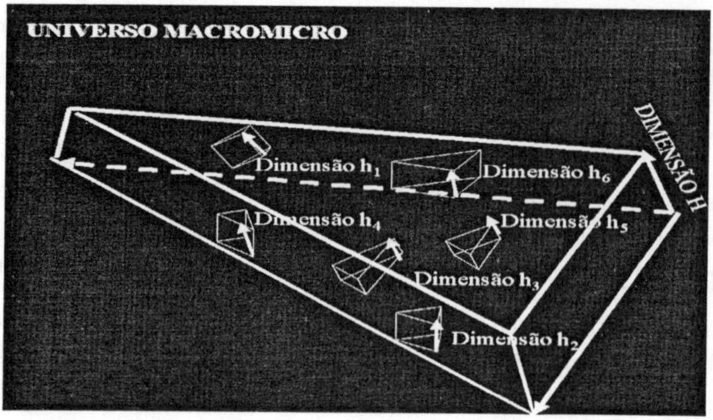

Serão tantas dimensões h quantos homens existirem. Cada uma delas terá um campo próprio, situado no campo da dimensão H. E tal e qual a dimensão H se expande, as dimensões h também se expandem; e, assim, se viabiliza a expansão do conhecimento humano.

A dimensão h, no entanto, não se faz uma dimensão vazia, mas uma dimensão que vibra, além dos registros adquiridos na própria vida da pessoa, os conteúdos de uma herança filogenética macromicro.

Sendo o ser humano um ser uno, um complexo macromicro, não faz sentindo conceber a distinção entre corpo e mente.

> O psíquico e o corpo não seriam causa ou conseqüência um do outro e muito menos seriam fenômenos isolados que formam uma unidade (...) psíquico e corpo são aspectos da mesma coisa (..) a distinção entre psíquico e corpo não existe na realidade. Tudo é uma questão da possibilidade e da impossibilidade da nossa percepção. *Psíquico é corpo e corpo é psíquico – o MACROMICRO.*[2]

E, assim, os genes também são macromicro. Seriam em sua estrutura um complexo que possuiria registros em potenciais vibratórios de toda a evolução do universo, desde o Big Bang até o que gerou aquele ser. Portanto, se os genes transmitem caracteres genéticos, também transmitem registros em potenciais vibratórios que, se encontrarem na interação com o meio, através da ressonância, a capacidade para serem processados, vibrarão.

---

[2] Ibid, p. 83.

Neste sentido, a regressão a vidas passadas poderia ser uma regressão aos registros vibratórios de um antepassado da pessoa, ou registros vibratórios de um amigo do antepassado da pessoa e que foram assimilados pelo parente em questão, transmitidos através da herança filogenética macromicro vibratória que, se não encontrar no meio uma possibilidade de ressonância, em nada afetará ao sujeito, permanecendo apenas como um registro em potencial vibratório.

Por outro lado, se encontrar no meio a possibilidade de ressonância, irá vibrar registros que podem ser de sofrimento, alegria, etc e, até mesmo, de conhecimento; mas que, se vibrados, pertencem à pessoa e não mais ao seu antepassado.

Tal qual ocorre com o fator genético macromicro, em nível macrocósmico, ou seja, se, por exemplo, João herda o formato de nariz identificado como igual ao de seu avô, poderia ser dito que o formato de nariz de João é igual ao de seu avô, mas jamais que o nariz de João é o nariz de seu avô.

Portanto, sem a pretensão de inviabilizar a prática da regressão a vidas passadas, alertamos que não há elementos suficientes que possam garantir o processo como um acesso à reencarnação; assim, se realizado, em nosso ponto de vista, só o deveria ser dentro do campo de pesquisa.

O PENSAMENTO, A PREVISÃO DO FUTURO E A TELEPATIA

Se, a partir da dimensão H, o sentido do tempo se expressa pela expansão e grau de complexidade do universo – ou seja, antes, um universo menos expandido e mais complexo e, depois, um universo mais expandido e menos complexo –, o passado já aconteceu e não retorna mais, pois o universo, até os dias de hoje, só avançou em uma única direção, a direção da expansão.

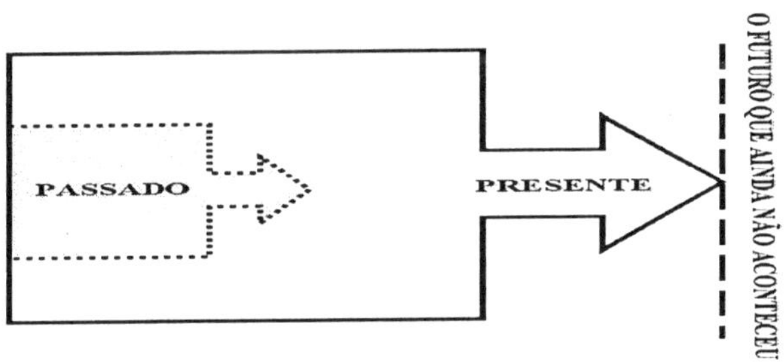

Sendo o universo representado pelos retângulos e a sua expansão pelas setas, o passado do universo, o retângulo menor, estaria contido no presente do universo, o retângulo maior; e o futuro ainda não aconteceu. De fato, sobre o futuro o que se concebe é uma expectativa, a de um universo mais expandido.

Em termos subjetivos, a partir da dimensão h, cada pessoa se concebe em sua história pessoal a partir do sentimento de que o tempo avança. Este sentimento vibra em função de o ser humano pertencer ao universo, que, se expandindo dia-a-dia, possibilita o aumento da quantidade de registros vibratórios assimilados e processados pela pessoa durante a sua vida.

Portanto, forma-se, a partir da dimensão h, um ascendente de registros vibratórios, que faz de cada pessoa um ser em expansão. Expansão esta que possibilita o presente e, ainda, individualiza a evolução de cada um em seu contexto de história pessoal, grupal e familiar.

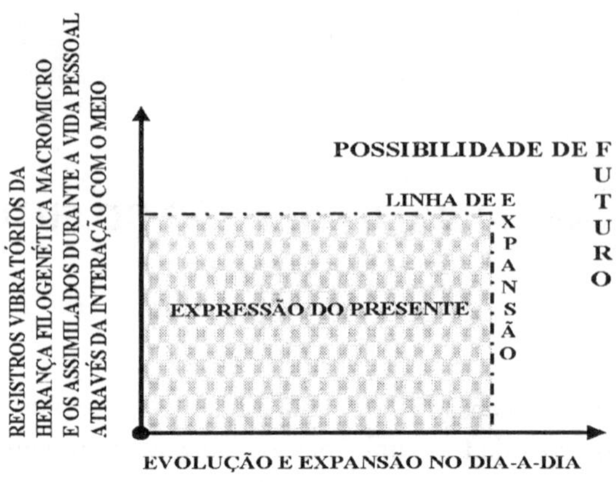

Assim, o presente se faz no somatório dos registros vibratórios assimilados no passado e pela possibilidade da linha de expansão da totalidade vibratória construída, ou melhor, como exemplifica a figura acima, o presente se faz na área que se forma a partir do passado com a possibilidade do futuro.

Podemos dizer então que o mundo subjetivo surge em um universo subjetivo que, tal qual o universo objetivo, é finito, dinâmico e encontra-se em expansão. E, ainda, se inicialmente, no nascimento de uma pessoa, o universo subjetivo contém os registros da herança filogenética macromicro, ele encontra-se em um estado altamente complexo. Um estado altamente complexo que, durante a vida da pessoa, evolui para a simplificação, através de uma estrutura psíquica, que vai sendo estruturada na proporção da evolução e expansão do universo subjetivo.

Faz-se um paradoxo no movimento do universo objetivo, a vida. De acordo com a concepção deste universo, o simples fato de se estar vivo caracteriza-se como uma subversão da ordem. Se o universo se movimenta de uma condição de menos expandida e mais complexa para uma mais expandida e menos complexa, a vida se movimenta de uma condição de menos expandida e menos complexa para uma mais expandida e mais complexa.

Subvertendo a ordem, a molécula orgânica, representante da vida, ao invés de prosseguir o processo de simplificação, iniciou um processo de complexização, até atingir o seu mais alto nível de complexidade conhecida, o ser humano. Nesse sentindo, viver é uma caminhada contra o tempo.

Tal qual a vida no universo objetivo, como um paradoxo do universo subjetivo, o processo de pensar subverte a ordem de movimento. Se o universo subjetivo se movimenta de uma condição menos expandida e mais complexa para uma mais expandida e menos complexa, o processo de pensar se movimenta de uma condição menos expandida e menos complexa para uma mais expandida e mais complexa.

Isto fica evidente se analisarmos o grau de complexidade do processo de pensar infantil. As associações de uma reflexão infantil são muito menos complexas do que as de um adulto. Isto ocorre em função da pequena expansão da subjetividade infantil e do grau de amadurecimento cognitivo de uma criança, associados à quantidade dos registros interagidos com o meio, muito menor se comparada à da mesma pessoa quando adulta, o que inviabiliza os arranjos mais complexos das idéias.

Se pensar é associar idéias em novas configurações, expandir o pensar é tornar mais e mais complexas as associações entre as idéias. Em outras palavras, quanto maior a complexidade das associações, mais expandida a capacidade para se pensar.

Como também já foi demonstrado, de acordo com a Ciência do Sentir:

> O inconsciente possui tempo, um tempo cronológico dilatado, se comparado ao tempo cronológico do nosso dia-a-dia (...) *a nossa consciência por ser passível de capacidade simbólica estaria inserida no contexto de três dimensões. E tudo mais do psiquismo que tem seus efeitos, mas não é passível de construção simbólica, está em quatro dimensões, onde o tempo é a quarta dimensão.* Portanto, é impossível criarmos um modelo simbólico para o aparelho psíquico; ele é inimaginável. *A consciência seria apenas um instante desta totalidade em que o tempo se torna fixo dando condições à capacidade simbólica.*[1]

E, ainda, de acordo com a Ciência do Sentir, "o pensamento faz-se no sentir (...) (como) um conjunto de vibrações que possui tensão e direção definidas no instante da consciência"[2].

---

[1] Maria Beatriz Breves RAMOS, **Macromicro – A Ciência do Sentir**, p.75-76.

[2] Ibid, p.111.

Sendo o complexo macromicro humano um complexo vibratório, a sua vibração, o sentir, se espalha; e seria pela possibilidade de tensionar e direcionar, através do processo de pensar, que a vibração se faz pensamento. Assim, o processo de pensar é a possibilidade de contenção do movimento de simplificação, tal qual a vida representa a possibilidade de contenção do movimento de simplificação do universo.

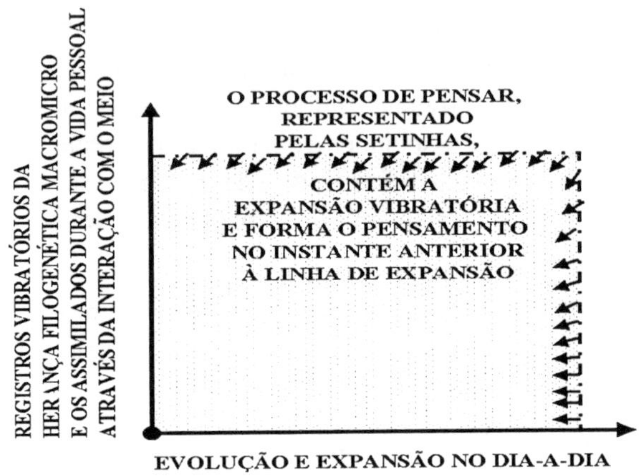

Mesmo sendo um intervalo muito pequeno, no processo de pensar, entre a assimilação dos estímulos e o processamento destes, há um intervalo de tempo, o que significa que quando o ser humano pensa o presente, este já é passado. Portanto, somos seres que sentimos o presente, mas pensamos o passado.

Assim, o pensamento, sendo uma expressão da consciência, se faz em um instante anterior da linha de expansão, onde, devido à fixação do eixo do tempo, se converge em um ponto na direção da fronteira da expansão. Portanto, o pensamento representa uma expressão da expansão da pessoa humana.

E, ainda, um registro uma vez processado pelo pensar se constituirá num registro de qualidade diferente dos demais, ou seja, se constituirá como uma vibração pensamento.

Podemos dizer então que, como um ser virtual do universo, a pessoa humana espelha, através do seu eu, uma outra assimilação do universo. Uma outra manifestação de universo que se expressa não só devido à capacidade de pensar e pela existência do pensamento, como também pela existência da vida.

Isto nos remete, inevitavelmente, ao fato de que ambos, o universo subjetivo e o universo objetivo, são produtos, a partir das dimensões H e h, da condição humana, pois fere o bom senso imaginar a natureza de forma tão paradoxal. Este paradoxo, de acordo com a Ciência do Sentir, representa apenas os limites da condição humana para assimilar a natureza macromicro.

O futuro, a partir da dimensão H, como foi demonstrado, ainda não aconteceu. Assim como, também, o futuro, a partir da dimensão h, ainda não aconteceu. Todavia, possuímos uma expectativa de futuro.

Expectativa que, se por um lado, impulsiona o ser humano para o futuro, por outro lado, impede a percepção de que nada existe no amanhã. Não só nenhum ser humano tem a certeza de que estará vivo daqui a um minuto, como também o amanhã, se existir, estará diretamente associado ao que for construído no presente.

Isto é válido até mesmo para o ser não vivo. Por exemplo, a rua em que se reside, só existirá no amanhã se houver um esforço coletivo para mantê-la construída e, assim, está sendo construída a todo instante. O esforço coletivo muitas vezes passa de forma imperceptível para a maioria das pessoas, mas a ausência deste poderia levar à destruição total de uma determinada rua e até mesmo de todo o planeta. Assim, para que continuemos a existir no amanhã, faz-se condição necessária continuar construindo cada momento presente. A morte, concebida como fim, seria a interrupção do momento presente e, portanto, se concebida desta forma, não possibilita o amanhã para quem morreu.

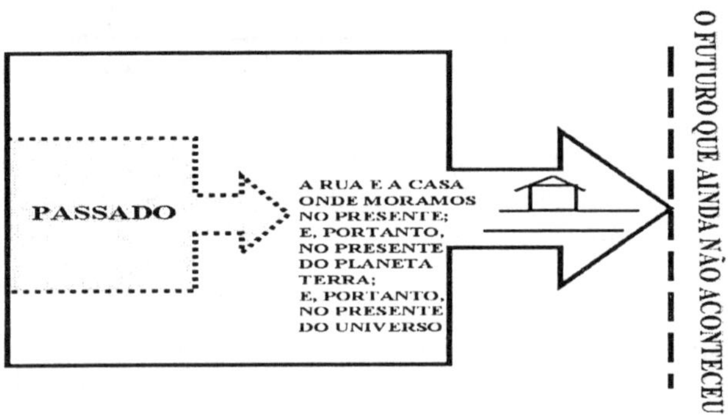

Se o futuro é uma expectativa e não um fato, como alguém poderia prever algo que ainda não aconteceu? As previsões do futuro, mesmo estando à margem do campo da ciência, são fatos inegáveis. Podemos arriscar dizer que a grande maioria dos seres humanos tiveram, pelo menos uma vez na vida, algum acontecimento do seu futuro acertadamente previsto.

A fim de demonstrar como este fenômeno acontece, comecemos por um acontecimento simples e rotineiro nas grandes cidades.

Algumas estações de rádio têm por hábito informar ao motorista a situação do trânsito na cidade. Em sua maioria, elas possuem um helicóptero que sobrevoa a cidade, onde o jornalista, situado em um outro referencial de posição, possui um campo maior de visão, sendo, então, capaz de anunciar as condições do trânsito.

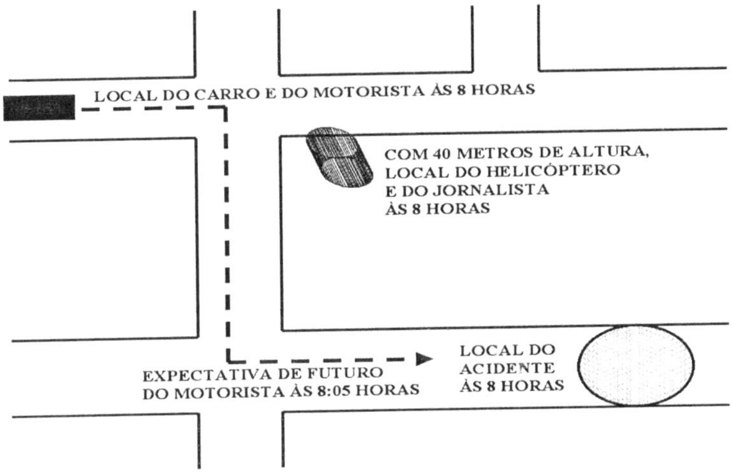

Como mostra a figura acima, se não houvesse o conhecimento de que o jornalista está em um helicóptero, o motorista poderia pensar que ele estaria sendo capaz de prever o seu futuro, com a informação de que cinco minutos depois, portanto, na expectativa do futuro, se entrasse em uma determinada rua, iria encontrá-la bloqueada em função de um acidente e, assim, inevitavelmente, iria ficar parado no trânsito.

De acordo com a Ciência do Sentir, o inconsciente se processa à velocidade da luz, enquanto que o consciente se processa a uma velocidade próxima a zero, se comparada à da luz. Portanto, o universo subjetivo possui dois sistemas referenciais diferentes de assimilação e, portanto, de diferentes posições no espaço-tempo. Abrindo e fechando um pequeno parênteses, tal qual o universo objetivo. E sendo dois sistemas diferentes de posições no espaço-tempo, aproveitando o exemplo dado como uma analogia, seria como se uma mesma pessoa pudesse estar, simultaneamente, no carro e no helicóptero.

Assim, por exemplo, quando uma vidente pode falar sobre o futuro de uma outra pessoa, de fato está se referindo aos acontecimentos do momento presente e sua tendência de expansão, ou melhor, da expectativa de futuro se a pessoa prosseguir uma determinada trajetória em sua vida.

Isto se faz possível, como demonstra a figura abaixo, porque o inconsciente de uma pessoa está sempre em interação com o inconsciente das outras pessoas e, sendo assim, através da ressonância, pessoas mais sensíveis são capazes de captar os registros vibratórios em seu inconsciente e, a seguir, processá-los em seu consciente. E, portanto, prever não algo do futuro, mas algo do presente, que se traduziria em uma condição que poderia resultar em uma expectativa de futuro, ou seja, em algum efeito no futuro próximo ou longínquo.

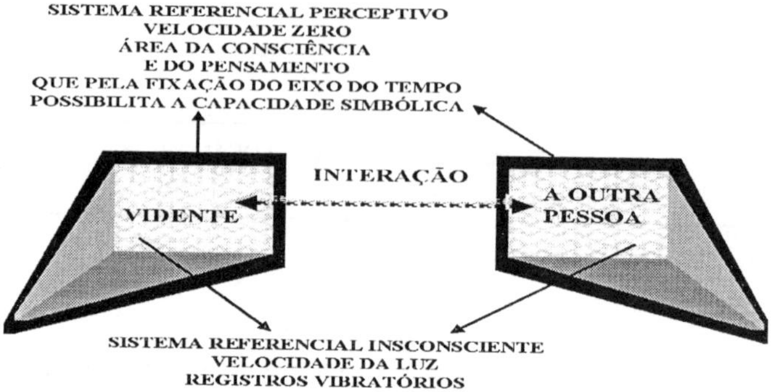

É neste sentido que, de forma intuitiva, todas as pessoas sérias que fazem previsões as colocam como tendências e não como certezas de acontecimentos. As previsões representariam uma possibilidade da expansão na expectativa de futuro.

A adivinhação do passado também é em relação ao presente, pois seguiria a mesma via do que é concebido como uma previsão de futuro. A diferença seria que, ao invés de uma possibilidade de expansão, via inconsciente, seria captado o que já foi expandido e, portanto, compõe a área do presente.

A telepatia também poderia ser explicada por esta concepção, visto que, se o inconsciente funciona à velocidade da luz, seria possível a comunicação com uma pessoa do outro lado do planeta em alguns poucos segundos. Por exemplo: João pensa algo e o seu pensamento (registros vibratórios processados na consciência) seria transmitido, via sistema inconsciente, para José. José capta os registros emitidos por João, já processados pelo pensar de João, via seu inconsciente, e o processa na área de sua consciência.

E, ainda, se levarmos em conta que o espaço se contrai quando dois sistemas referenciais, um com velocidade da luz (300mil km/s) e outro com velocidade próxima a zero (se comparada à da luz), se interagem, as distâncias processadas pelo ser humano macromicro em nível do referencial inconsciente, também, diminuiriam, se comparadas às distâncias processadas pelo ser humano macromicro em nível do referencial de sua consciência.

Assim como também a premonição e a intuição seriam registros vibratórios processados no inconsciente e que ainda não foram processados na consciência. Em outras palavras, seria uma captação inconsciente de algo que já vem interagindo com a pessoa, mas que, por alguma razão, não foi processado integralmente na consciência. Estes registros vibram nas imediações da consciência, permitindo, assim, a premonição ou a intuição.

Um outro fenômeno bastante corriqueiro é o de se pensar em uma determinada pessoa e, pouco tempo depois, encontrar-se subitamente com ela, passando pelo mesmo lugar que você. De acordo com a Ciência do Sentir, o inconsciente das duas pessoas já teriam interagido e, por isto, foi possível o registro da interação chegar à consciência.

Faz-se interessante pensar que se não fosse possível encontrar a pessoa pensada, nunca se saberia que teria havido a interação. Da mesma maneira que não é possível se dar conta de que ocorre a interação inconsciente entre todas as pessoas e coisas deste universo, que, assim, vão se armazenando como registros no ser humano macromicro e poderão ou não, um dia, serem acessados conscientemente, ou seja, serem os registros vibratórios processados pelo pensar e tornarem-se registros vibratórios pensamento.

Como estamos verificando, o estudo do sentir humano, a partir de suas dimensões H e h, abre portas para muitos conhecimentos até hoje concebidos como à margem do campo da ciência.

CONCEPÇÃO DE SAÚDE E QUALIDADE DE VIDA

A concepção da medicina ocidental, seguindo a linha mecanicista das ciências naturais, incluindo a concepção cartesiana, até os dias de hoje, divide corpo e mente.

Uma divisão e um mecanicismo que atingem o seu apogeu nas especializações. Quem estuda rim, só concebe o rim; coração, só o coração; pulmão, só o pulmão etc. É bem comum em uma enfermaria todos os profissionais de saúde se referirem às pessoas internadas pelo número do leito ou pela patologia que possuem, ignorando os seus nomes e, portanto, as suas pessoas.

Certa vez, em um hospital-geral, fui chamada pelo médico para atender uma pessoa internada na enfermaria de ortopedia, que, segundo a equipe técnica, estava deprimida, pois quase não falava e não se alimentava.

Ao me aproximar do leito, me apresentei e perguntei o que estava acontecendo. A paciente respondeu que estava com uma grande dificuldade, pois, por não ter um pedaço do estômago, tinha de comer várias vezes ao dia, em pequenas quantidades, e não sabia como fazer, já que a comida, no hospital, vinha em grande quantidade e na hora convencionada. Perguntamos se havia falado sobre o seu problema com alguém e ela disse que não, porque as pessoas ali não lhe davam muita chance para falar.

Não é necessário dizer que, depois deste atendimento, foi feita uma dieta adequada para aquela pessoa e, conseqüentemente, a "depressão" passou.

Pensar que este exemplo tenha sido um descaso por parte de uma equipe técnica é simplificar a questão, pois todos estavam preocupados. A falha, neste caso, adveio da concepção de cada um, ou seja, do paradigma da divisão: ou seja, o médico cuidaria somente de sua especialidade, a enfermeira executaria a rotina da enfermaria e a nutricionista receitaria a dieta de acordo com a problemática que levou a pessoa à internação. Compreender a pessoa em outro contexto não fazia parte da concepção humana dividida em mente e corpo, assim como também manter a passividade era um paradigma das pessoas internadas naquele hospital público. Portanto, aquela paciente também não se sentia responsável por nada do que ali acontecia, cabendo todo o poder de ação ao médico, à enfermagem, à nutricionista; a ela mesma só restava manter-se passiva, diante de sua própria internação, como se nada tivesse a ver com aquela situação.

Todavia, pensar em um outro paradigma obrigaria a equipe e a paciente a um trabalho interno que significaria mexer em valores pessoais, anular padrões antigos, suportar a ignorância, ir ao ponto zero. E isto é muito complexo e difícil; diria ainda mais, como já vimos, para algumas pessoas, impossível.

De uma maneira geral, a doença, no paradigma ocidental, é concebida como uma ameaça à saúde, ou melhor, como uma ameaça de morte. Por outro lado, a saúde é concebida como uma possibilidade da manutenção da vida.

Um outro fator importante é que, na concepção ocidental, saúde e doença, com raras exceções, são consideradas como condições isoladas do meio. Por exemplo, qualquer um que venha sofrer de um problema nos pulmões será concebido como estando com uma doença pulmonar. Podem surgir comentários, como: "também fumava muito" ou, então, "curioso como não fumava". Os familiares, os colegas de trabalho e os do convívio social, todos se sentiriam totalmente isentos de participação sobre o acontecido com aquela pessoa e seu pulmão. Em outras palavras, não só se isola o pulmão do corpo, como o corpo da pessoa, como a pessoa do meio.

De acordo com a Ciência do Sentir, não é possível haver uma "doença" manifestada no nível somático que também não se manifeste no nível psíquico ou vice-versa. Um exemplo clássico seria:

> A descrição de uma pessoa vivenciando uma forte emoção seguida de um enfarte, no paradigma antigo, seria explicada como alguém que, ao receber uma notícia, sentiu uma forte emoção e, devido a uma sobrecarga do emocional sobre o corpo biológico, gerou um enfarte. No novo paradigma, a explicação seria outra. Alguém, através da ressonância, interagiu com um outro e, nesta interação, o que foi atingido foi o complexo macromicro humano que, vibrando fortemente, se desequilibrou e este desequilíbrio se manifestou, para a nossa percepção, em nível psicológico, como uma forte emoção e, em nível biológico, como um processo de enfarte.[1]

---

[1] Maria Beatriz Breves RAMOS, **A União Indissolúvel entre Sôma e Psyché,** in: Consciência, p. 12-13

Na natureza observamos que quando qualquer coisa atinge o seu limiar de equilíbrio, desequilibra. Desequilíbrio que, se observado com mais rigor, demonstra ser uma via para um novo equilíbrio.

Como uma experiência simples, qualquer um pode pegar diversos livros e começar a empilhá-los, um por cima do outro. Após algum tempo, será visível que cada livro colocado leva a um novo estado de equilíbrio da pilha, mas que, nas mudanças de estado, não atinge o desequilíbrio. Até que, de repente, com mais um livro, chega-se ao limiar do equilíbrio possível para aquela pilha e os livros começam a cair, espalhando-se pelo chão, atingindo, assim, um novo estado de equilíbrio.

Com o ser humano macromicro o mesmo se dá, pois, sendo um complexo vibratório pertencente ao universo, está sempre tendendo ao equilíbrio, assim como toda a natureza tende para o equilíbrio.

Portanto, ampliando a descrição da pessoa que sofreu um enfarte, o surgimento da doença, dentro desta concepção, é compreendido como a expressão da mudança de um estado de equilíbrio para outro.

No caso do enfarte, diríamos que a pessoa, através da ressonância, interagiu com uma outra e, nesta interação, o que foi atingido foi o complexo macromicro humano que, vibrando fortemente, suplantou o seu limiar de equilíbrio e se desequilibrou; e, na passagem para uma nova condição de equilíbrio, vibrando de uma outra forma, se manifestou para a nossa percepção, em nível psicológico, como uma forte emoção, e, em nível biológico, como um enfarte.

A doença, se mantida, após o instante de mudança de estado, apresenta-se como um novo estado de equilíbrio do organismo. A recíproca também seria verdadeira, ou seja, a passagem de um estado de equilíbrio qualificado como doença para um outro qualificado como saúde dar-se-ia por uma ruptura do limiar de equilíbrio.

Quantas vezes ouvimos falar de pessoas que, ao serem "curadas" de suas "doenças", morrem. Assim, também, muitas vezes, vemos pessoas que quando conseguem uma mudança importante na vida, como, por exemplo, atingir um cargo no trabalho, antes tão sonhado, morrem. Da mesma maneira que pessoas consideradas doentes, ao sofrerem alguma modificação em suas vidas, ficam boas.

Nas duas primeiras situações ocorreu a ruptura do limiar de equilíbrio, pela qual o complexo macromicro não pôde suportar a mudança de seu estado de equilíbrio, desestruturando-se totalmente. Na terceira, apenas ocorreu a ruptura do limiar, possibilitando uma outra condição de equilíbrio.

O surgimento da doença, compreendida como uma manifestação da passagem de um estado de equilíbrio macromicro para outro, e, ainda, a permanência da mesma como um novo estado de equilíbrio poderiam levar muitos profissionais, que não a compreendem dentro desta dinâmica, a prejudicar a recuperação das pessoas, pois poderiam livrá-las de uma doença e colocá-las em outra, às vezes, até mais grave.

O importante, do nosso ponto de vista, é que os profissionais possam esclarecer o significado da doença para eles e para as pessoas que os procuram. Ambos devem conhecer que estão diante da possibilidade de romper com um determinado equilíbrio e não, simplesmente, acreditar, por exemplo, que uma pessoa adquiriu uma virose porque a sua imunidade estava baixa. Isto sem dúvida é verdadeiro, mas, de acordo com a Ciência do Sentir, significa apenas um dos aspectos da questão, pois muitos se contaminam com uma virose e não manifestam doença alguma, ou seja, não se desequilibram.

Até porque a baixa imunidade, na concepção macromicro, significaria que está ocorrendo algo no complexo macromicro que se manifesta, em nível biológico, como uma imunidade baixa, e, em nível psicológico, como com algum tipo de expressão emocional que poderia ser, por exemplo, um estresse, uma situação de angústia etc.

Um outro aspecto é que a Ciência do Sentir não concebe o homem fora de seu contexto ambiental. Assim, dentro do que é concebido como doenças crônicas, as "doenças" representam não só um equilíbrio da própria pessoa em questão, como também de seu meio. Às vezes, por mais sofrido que possa parecer, uma "doença", em algum membro da família, vibra um sentido de vida e um sentimento de utilidade para todos os familiares, facilitando um estado de equilíbrio familiar macromicro.

Em um ambulatório de psicossomática de um hospital público, pude verificar que uma grande maioria das pessoas que me eram encaminhadas sentia nas suas doenças um veículo para ser alguém, mesmo que ser alguém significasse ser doente. A maioria era pobre, insatisfeita profissionalmente e desvalorizada socialmente, ou seja, suas "doenças" eram manifestações de um estado de equilíbrio social macromicro.

Em sendo as pessoas um complexo macromicro vibratório e, portanto, interagindo entre si através da ressonância, vive-se em uma grande rede vibratória. Os seres que compõem pequenos grupos, grupos institucionais etc. estão, inevitavelmente, formando redes vibratórias que, assim como o indivíduo, também possuem seu estado de equilíbrio.

Como demonstra a idéia do modelo abaixo, os traços, que simbolizam a rede vibratória, se configuram entre os pontos, que simbolizam os seres macromicro. E sendo a estrutura macromicro uma estrutura vibratória que interage por vibrações, a vibração, na ausência de um ponto de interação, irá direcionar-se para outro ponto, a fim de interagir e equilibrar-se.

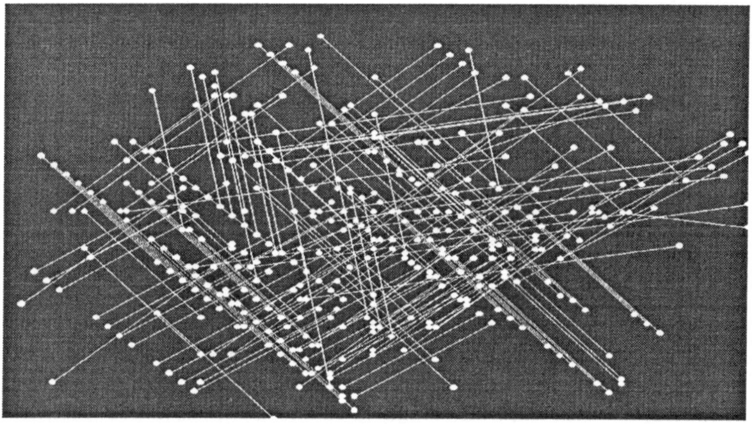

Nesta busca do equilíbrio, as vibrações formam uma rede vibratória macromicro que, podemos dizer, é viva.

A Ciência do Sentir caracteriza esta rede como viva por se constituir em uma estrutura que, apesar de criada a partir das interações entre os seres macromicro, tem em suas conexões uma trajetória própria e variável, que vibra sobre cada ser, tornando-se capaz de interferir, através da ressonância, no indivíduo. À concepção grupal, pela qual o todo é maior do que a soma das partes, o que seria acrescido à soma das partes seria a rede vibratória macromicro.

Portanto, se uma família, uma instituição pública ou uma empresa estão apresentando problemas, eles são representantes de um estado de equilíbrio da rede vibratória macromicro familiar, institucional, empresarial etc.

Tal qual o complexo macromicro, a rede vibratória possui um limiar de equilíbrio, pelo qual, por exemplo, uma crise grupal ou institucional representa a passagem de um estado de equilíbrio para outro.

Em um determinado grupo, quando, por interações com outras redes vibratórias, uma pessoa se modifica, a rede vibratória é atingida. Se esta modificação vibrar a rede com uma intensidade acima do seu limiar de equilíbrio, ela sofre uma ruptura e se desequilibra. A busca de um outro estado de equilíbrio manifesta-se como uma crise que atinge a todos os integrantes do grupo. Se a estrutura da rede grupal não for capaz de suportar a intensidade vibratória da ruptura, ocorrerá a desestruturação total da rede, a falência do grupo.

Estendendo este processo às instituições, no caso de a estrutura da rede institucional não suportar a intensidade vibratória da ruptura do limiar de equilíbrio, ocorrerá a desestruturação total da rede e, portanto, a falência institucional.

Muitas empresas privadas abrem falência em função de suas dificuldades para ultrapassar o momento de ruptura do limiar de equilíbrio de sua rede vibratória.

Da mesma maneira que o complexo macromicro, ocorrem situações de cronificação da rede vibratória. Tal qual a permanência da doença no indivíduo como uma situação crônica, em uma empresa a cronificação da rede vibratória representa uma manifestação de um estado de equilíbrio desta empresa.

Viabilizando a expansão e evolução da rede, como já vimos, o ser humano encontra-se em expansão, através do processo de sua interação com o meio. Assim, far-se-ia um processo natural, através do aumento de registros vibratórios assimilados através da dimensão h, um estado constante de equilíbrio e desequilíbrio da rede, naturalmente, dentro de seu limiar de equilíbrio.

No entanto, ocorrem situações em que este estado se cristaliza e não assimila novas vibrações. Isto sem dúvida é fruto das pessoas que formam a rede e que, por dificuldades, em função da ameaça da ruptura de suas respectivas estruturas psíquicas, não permitem a renovação da rede. Nestes casos, através da cronificação de um estado vibratório, a rede assume uma trajetória "pesada", expressando o impedimento para as mudanças de seu estado de equilíbrio. Esta rede estará fadada ao fim, não por uma ruptura impossível de ser suportada por sua estrutura, mas por falta de novos investimentos vibratórios, que se dariam pela inclusão de novos seres para interagirem nesta rede. Assim, de forma relativamente simples, quando seus integrantes morrem, ela se acaba.

Como estamos podendo verificar, de acordo com a Ciência do Sentir, a rede grupal e social é formada por vibrações oriundas do complexo macromicro humano, em que a sociedade forma uma grande rede vibratória macromicro, constituída de redes vibratórias macromicro de menor escala.

Portanto, uma cidade violenta está demonstrando como sua rede vibratória está se equilibrando. Por exemplo, se não há política de saúde e de educação, a violência é uma manifestação de um dos possíveis estados de equilíbrio para esta rede vibratória social.

Assim, se não houver, por parte de todos, o conhecimento de que juntos somos os formadores da rede vibratória macromicro, se não houver uma política de qualidade de vida para os seres que integram a rede vibratória macromicro, esta irá promover estados de equilíbrio que, podemos dizer, vibram dor no indivíduo. Acreditamos que todos estão de acordo sobre o quão doloroso é vibrar com a miséria, a fome, a violência, epidemias etc.

A CIÊNCIA DO SENTIR E A ESPIRITUALIDADE

"A cada 3.6 segundos alguém morre de fome; 75% são crianças"[1].
http://www.thehungersite.com

Faz-se um tabu, no meio científico, conceber Deus. De um modo geral, um quesito para um bom cientista é ser ateu.

Também, para a maioria dos psicanalistas, acreditar no espírito e ter fé em Deus significa ser onipotente, ter dificuldades para lidar com a morte, ou melhor, com a finitude do ser.

Enfim, para se adquirir o status de uma pessoa evoluída, inteligente, amadurecida e capaz de pensar, é preciso ser atéia.

Este tipo de concepção de ser surgiu, como já vimos, no renascimento.

Zohar expressa, de forma muito clara, dentro do campo da física, esta concepção de mundo.

> A física newtoniana apossou-se da antiga noção platônico-cristã de que a matéria era algo "baixo, inerte, informe e 'polpudo'", e a aguçou consideravelmente. A matéria era algo que tinha peso e extensão, era essencialmente constituída de átomos, pequeninos corpúsculos que se comportavam como uma coleção de bolas de bilhar. Era, então, sólida, influenciava mecanicamente outras matérias através do contato e, o mais importante, por ser uma quebra com o passado, era completamente desprovida de mente.
>
> A matéria não tinha propósitos ou intenções. Não havia átomos de desejo, de vida ou de alma como haviam existido para alguns dos atomicistas primitivos da Grécia Antiga. Assim, a nova ciência física do século 17 não tinha nada a dizer sobre o lado espiritual ou psicológico da vida. O físico se contrapunha ao mental como um

[1] *"Every 3.6 seconds someone died of hunger; 75% are children".*

mundo à parte, e por sua vez o mental passou a ser visto em termos não físicos. Dois conjuntos completos de categorias opostas emergiram para descrever as duas esferas radicalmente diferentes da existência, e em grande parte permanecem assim até hoje, estampados em nossa maneira de nos percebermos.[2] (grifo nosso)

Assim como a física, toda a ciência se introduziu nesta concepção. Se uma teoria pretende-se ciência, tem que estar desprovida da emoção, pois a psique é um mundo à parte e pouco valorizado. Mesmo para quem estuda a psique é importante classificá-la em um modelo de ciência em que se destituam da teoria os sentimentos. Caso contrário será concebida como uma corrente filosófica, e se falar em Deus, será concebida como uma corrente religiosa.

Entendemos que esta concepção vem contribuindo de forma imensurável para a humanidade. Toda a evolução tecnológica, e a das próprias ciências naturais, deve-se a esta concepção. No entanto, faz-se uma contribuição que introduz a humanidade às informações, mas não ao conhecimento.

Informações que, em não se tornando conhecimento, vêm afastando gradativamente o homem de si mesmo, levando-o cada vez mais a um estado de sofrimento e, por conseguinte, levando o planeta gradativamente a um estado total de condições sub-humanas.

Em outras palavras, são informações que, se administradas, levam o homem ao espaço, promovem transplantes de órgãos, clonam, desenvolvem o computador, etc, mas não promovem o sentimento de bem-estar nas pessoas e não extinguem a miséria no mundo. Ao contrário, em termos de qualidade de vida, a humanidade encontra-se piorando século a século e, por que não, década a década.

A Ciência do Sentir se propõe à pesquisa da informação e do conhecimento. Entendemos que ignorar o amor, a raiva, o medo, a fé, a esperança, a dor, a solidão, a paz, a alegria, a tristeza, a saudade, o sofrimento, etc, enfim, os sentimentos humanos, é relegar a um plano muito inferior a beleza de ser que somos e é contribuir cada vez mais para uma humanidade infeliz e miserável; e, portanto, é ignorar o conhecimento.

---

[2] Danah ZOHAR, **O Ser Quântico**, p.111

Há pouco tempo, acompanhamos nos jornais a história de um transplante de mão em uma pessoa que tinha tido uma de suas mãos decepada. Utilizando-se do avanço tecnológico, o médico cientista, em sua concepção, contribuindo com aquele ser, transplantou a mão de um homem que havia falecido para o outro, com a mão decepada. Um sucesso de cirurgia, do ponto de vista das informações, que, sem dúvida, apontava grandes avanços na medicina.

O resultado foi que passado algum tempo, de acordo com as notícias nos jornais, o homem que se submeteu ao transplante não suportava mais olhar para uma mão que pertenceu a um outro homem, inclusive, já falecido. Uma mão que não possuía em sua representação psíquica o significado de uma mão, mas de algo estranho ao seu corpo e à sua identidade pessoal.

Angustiado, o transplantado solicitou ao médico que amputasse a mão transplantada, o que foi feito. Em outras palavras, um fracasso de cirurgia, do ponto de vista do conhecimento.

Este exemplo deixa bem claro a diferença entre a informação e o conhecimento. O conhecimento inclui o sentir, algo qualitativamente imensurável, que, a partir da dimensão h, varia de pessoa para pessoa.

A parábola "Medidas para Sapatos"[3] de Hanfeitse[4], expressa, em nossa opinião, com sabedoria, o que vem predominando na atual concepção de ciência.

> Certo homem de Cheng ia comprar um novo par de sapatos. Primeiro tomou as medidas dos pés, e deixou-as na cadeira. Quando foi para a rua, esqueceu-se de levá-las, e depois de entrar numa sapataria, disse consigo mesmo: "Oh, esqueci-me de trazer as medidas e tenho de voltar para buscá-las". E assim fez ele. Mas, ao regressar, a loja já estava fechada e ele deixou de comprar os sapatos. Disse-lhe alguém: – Por que não fizeste provar os sapatos mesmo nos pés? E o homem respondeu: – Eu confiava mais nas medidas que em mim mesmo.

A atual concepção de ciência confia mais nas medidas do que na pessoa humana e tem, por isto, deixado o homem "com os pés descalços"

---

[3] HANFEITSE, in: Lin Yutang, **A Sabedoria da China e da Índia,** p. 992.

[4] Um antigo filósofo Chinês.

na vida. Isto não significa dizer que devemos excluir a informação, muito pelo contrário, seria um absurdo negar a sua validade, demonstrada ao longo da história da humanidade. A falha do médico cientista que realizou o transplante de mão foi não ter gerado conhecimento com as informações que possuía.

Por ciência entendemos a possibilidade de criarmos modelos que tragam, em sua inspiração, a concepção de que serão substituídos por outros modelos e que, também, atendam à evolução e expansão da humanidade e da natureza como um todo.

No campo da ciência entendemos que a busca de informações representa apenas uma etapa da pesquisa. Como uma outra etapa, faz-se fundamental a transformação da informação em conhecimento, uma forma mais complexa da informação, na qual se inclui o sentir humano. A recíproca também é verdadeira, muitas vezes o conhecimento se faz presente antes da informação e, sendo assim, nestes casos, fazer ciência seria simplificar o conhecimento em informação, pois, dentro de nossa concepção, a informação é um grande veículo de geração e ampliação do conhecimento.

Como um método para a Ciência do Sentir propomos:

1. **Observar de forma atenta a qualidade de concepção que norteia a observação.**

   Para a Ciência do Sentir não é possível existir um ser humano à margem de uma concepção e, assim, mesmo que o observador se utilize de um instrumento auxiliar, ele é o grande instrumento, visto que a leitura que fará das informações adquiridas será, inevitavelmente, "colorida" de sua concepção de mundo; isto sem falar que o instrumento utilizado, também, foi construído a partir de uma concepção.

2. **Assimilar a interação em um nível baixo de impregnação, esvaziando-se dos pensamentos.**

   Como foi descrito, os pensamentos são uma expressão do sentir e, portanto, seria a partir das vibrações do sentir que se forma um conceito (uma vibração pensamento).

   De um modo geral, na aquisição das informações, superpõem-se os pensamentos anteriormente concebidos, fechados em um conceito, ao que está sendo objeto de observação e, portanto, de interação.

Por exemplo, ao pesquisar uma determinada planta, de um modo geral, o observador impregna àquele estudo todas as informações obtidas a priori da referida planta. Inicia sua pesquisa concebendo-a como uma planta, do reino vegetal, um ser vivo, desprovido da capacidade de pensar, que realiza fotossíntese, etc e, a partir deste ponto, avança em sua pesquisa.

Assimilar a interação em um nível baixo de impregnação, esvaziando-se dos pensamentos, seria a possibilidade de, em se conhecendo a concepção que está impregnando a observação, tentar ao máximo a não superposição, ou seja, tentar um começar de novo, como se não se soubesse nada a respeito do que está sendo observado, tornando-o, no máximo possível, um fenômeno desconhecido. Em se conseguindo, a partir do princípio da interação, sentir a vibração da interação e, através do processo de pensar, esperar até que se forme uma imagem daquela interação.

Esta etapa pode levar horas, dias, meses ou anos. O observador tende a suprimi-la, porque ela não reforça a sua estrutura psíquica, ao contrário, a modifica; e, portanto, provoca angústia, pois, entre a antiga e a nova arrumação psíquica, existe um intervalo de instabilidade psíquica. Em outras palavras, diante da possibilidade de um novo paradigma de concepção, ocorre, em maior ou menor escala, uma ruptura psíquica, muitas vezes, como já foi descrito, impossível para a pessoa tolerar. Assim, esta etapa irá depender da capacidade do observador para suportar as suas próprias angústias diante da sua interação com o fenômeno, uma capacidade diretamente proporcional às condições de sua estrutura psíquica.

3. **Traduzir para linguagem verbal a imagem obtida.**

A partir da imagem (registros como pensamento) formada pela interação, traduzi-la para a linguagem verbal. Em outras palavras, esta seria a etapa de conversão da imagem em palavras.

4. **Confrontar as novas concepções com as antigas.**

Valendo-se do exemplo da planta, o observador deverá confrontar as novas concepções com as antigas, verificando suas semelhanças e diferenças.

É importante ressaltar que poderia surgir, nesta interação, o que já teria sido concebido anteriormente. No nosso exemplo, o observador poderia conceber mais uma vez que aquele fenômeno seria uma planta, do reino vegetal, que realiza fotossíntese, etc. O importante é que estas concepções seriam resultados do presente da interação, do presente do observador na relação com o fenômeno observado, e não concepções prévias que estariam interferindo e impregnando a observação.

5. Confirmar a aplicabilidade.

Um conhecimento só terá validade se possuir aplicabilidade no presente ou na expectativa de futuro.

Esta aplicabilidade poderia se dar pela via da conhecida realização de experiências, mas esta não seria a única via. Por exemplo, no caso do observado ser um outro ser humano, somente a pessoa poderá confirmar, ou não, a validade do que estamos concebendo daquela interação para ela.

Como pode ser facilmente verificado, este método, proposto em cinco etapas, não inclui a correlação matemática. Isto porque compreendemos que a matemática é uma linguagem e, portanto, uma concepção de mundo criada pelo homem, que ainda não atingiu, ou quem sabe nunca atingirá, uma estrutura de linguagem para expressar o sentir humano.

> Uma das contribuições definitivas do século dezenove foi o reconhecimento de que a matemática não é uma ciência natural, mas uma criação intelectual do homem (...)
>
> (...) Pode-se até sugerir que não há dois matemáticos de hoje que concordem quanto à natureza de seu assunto. Certamente a palavra "matemática" significou coisas diferentes para os povos do mundo em diferentes períodos da história, e seria pouco realístico esperar grande acordo dentro de um campo que se tornou tão vasto (...)
>
> Os conceitos fundamentais da álgebra moderna (ou abstrata), topologia e espaços vetoriais foram estabelecidos entre 1920 e 1940, mas a vintena de anos seguinte viu uma verdadeira revolução nos métodos da topologia algébrica que se estendeu à álgebra e à análise. O resultado foi uma nova disciplina chamada álgebra homológica (...) Por isso mesmo em nossos dias de pensamento superabstrato, a matemática continua a ser a linguagem da ciência, tal qual como era na antigüidade (...)

> Pelo conhecimento do passado pode-se prever num sentido muito geral o que o futuro pode conter. Mas se há um elemento de verdade no aforisma a "história se repete", a história da matemática contudo mostrou que as "repetições" são tão variadas e imprevistas que impedem qualquer previsão significativa das coisas que estão por vir. Foi dito (...) que um gráfico representando o crescimento da ciência, incluindo a matemática, se aproxima de uma curva exponencial, e não é desarrazoado esperar que os desenvolvimentos futuros da matemática sigam essa curva. No entanto, loucura e sabedoria estão tão misturadas na sociedade humana que há agora uma possibilidade muito real de que a matemática do homem se torne um dia o instrumento de sua própria destruição.[5] *(grifo nosso)*

Boyer conclui seu livro sobre a História da Matemática com as palavras acima, grifadas por nós.

Entendemos que a matemática do homem só se tornará um dia o instrumento da sua própria destruição se continuarmos a nos confundir com as nossas próprias concepções.

Pode ser que um dia a matemática consiga conceber, em sua estrutura, um "vocabulário" compatível com a expressão do sentir, mas se isto não for possível, em nossa concepção, não deveria haver nenhum desmerecimento para esta área de concepção do saber;. este poderia ser, quem sabe, o limite do alcance da concepção matemática, pois se o ser humano está inserido nos limites de sua dimensão H, o que dirá as suas concepções.

Em outras palavras, não seria porque a concepção matemática não possui instrumentos para expressar o sentir humano que o sentir deveria ficar relegado a segundo ou terceiro plano no campo da ciência, sendo, às vezes, até ignorado. Não seria porque a matemática foi concebida como a linguagem da ciência que tudo aquilo que não for concebido em sua linguagem deveria ser tratado como algo de menos valor e não poderia ser considerado ciência. Esta é uma concepção dogmática e altamente limitadora para a própria ciência.

Em nossa concepção, o equívoco está em não conceber que representa o próprio limite da matemática o fato de a concepção matemática

[5] Carl B. BOYER, **História da Matemática,** p. 440, 450, 457 e 459.

não poder expressar o sentir humano. E, por isto, o conhecimento científico irá ficar limitado à aquisição de informações?

Quando escrevi *Macromicro – A Ciência do Sentir*, disse:

> Dentro da visão macromicro do ser humano, o ser humano macromicro seria uma fonte de energia e como toda fonte de energia, mesmo depois de extinta, o seu campo continuaria se propagando. A exemplo deste fenômeno, quando olhamos para o céu, muitas das estrelas que visualizamos já estão extintas, mas, apesar disto, somos capazes de ver a luz que fora emitida por elas, pois, mesmo extintas, os seus respectivos campos continuam se propagando.[6]

A Ciência do Sentir não tem como conceber o que acontece após a morte, mas pode conceber que não se termina com a morte. Pois, enquanto o universo evoluir e se expandir, nós, seja lá em que condições estivermos, continuaremos nossa evolução e expansão.

No entanto, não se faz nenhum absurdo, muito pelo contrário, prosseguirmos a evolução com a consciência e os pensamentos.

Como uma hipótese, quando um dia, na condição de um aspecto do que nos formou, fizemos parte da primeira estrela, da primeira galáxia, da poeira cósmica que compôs o sistema solar, do planeta terra ainda árido, do oceano, dos peixes etc., etc. e etc., nós, e tudo o que existe, vibrávamos na condição de outras manifestações, ou seja, éramos a natureza macromicro vibrando na qualidade de matéria, desprovida da qualidade de vibração pensamento.

Nesta evolução, como uma etapa seguinte, algumas destas outras manifestações da natureza macromicro convergiram para uma qualidade de natureza macromicro capaz de processar suas vibrações como pensamento, ou seja, somos a natureza macromicro vibrando na qualidade de matéria e na qualidade de pensamento.

Portanto, como uma etapa posterior da evolução, os registros vibratórios processados pela capacidade de pensar poderiam manter-se vibrando, ou seja, a natureza macromicro vibrando apenas na qualidade de pensamento, desprovida da vibração na qualidade de matéria.

---

6 Maria Beatriz Breves RAMOS, **Macromicro – A Ciência do Sentir,** p.151-152.

Esta hipótese é bastante provável, pois uma vez processados os registros vibratórios em pensamentos, eles se manteriam como tais. Como uma analogia, por exemplo, se o som de uma palavra – como uma vibração processada a partir dos pulsos cerebrais em interação com as cordas vocais –, após ser emitido por uma pessoa, se mantém em sua qualidade vibratória, a ponto de poder ser captado por uma outra pessoa; ou, ainda, se um som emitido (uma onda mecânica), para ser transmitido a longa distância, pode ser transformado em uma onda eletromagnética e ser novamente processado, através de um receptor, naquele mesmo som, ou seja, manter-se com a sua qualidade e características originais vibratórias, por que com os registros vibratórios pensamento o mesmo não poderia ocorrer?

Existem diversos relatos de pessoas que viveram a experiência da expansão de consciência, ou, como preferirem, de saída do corpo, inclusive, estando em estado de coma. Este estado demonstra que, mesmo em sua manifestação macrocósmica, o macromicro, vibrando com muito pouca intensidade, pode se manter vibrando, em sua manifestação microcósmica, com uma intensidade diferente e até se expandir. Relatos deste tipo são significativos, porque estas pessoas podem falar sobre acontecimentos que de fato ocorreram, às vezes, além do quarto onde estavam.

Prosseguindo com esta hipótese, a vibração macromicro seria transmitida por uma onda diferente das detectadas pelos aparelhos existentes.

Concebemos que, de alguma forma, por exemplo, quando os registros são processados pelo pensar, eles modificam a sua onda de vibração, tal qual, em nossa analogia, o som quando transmitidos a longa distância. E mesmo os registros vibratórios transmitidos sem terem sido processados pelo pensar também estariam na mesma freqüência da onda de vibração do pensamento.

Neste ponto poderia surgir uma dúvida. Se, de acordo com a Ciência do Sentir, a capacidade simbólica no psiquismo se faz possível pela fixação do eixo do tempo, como seria possível a fixação do eixo do tempo no pós-morte, ou seja, à margem do complexo macromicro humano?

Como verificamos, a condição macromicro humana é um estágio evolutivo de um dos aspectos da natureza macromicro. Portanto, seria perfeitamente possível que, na etapa seguinte de sua evolução, o aspecto macromicro humano da natureza macromicro, em sua nova condição, continuasse sendo capaz de processar o eixo do tempo no contexto do espaço-tempo.

Assim, quando a humanidade conseguir um aparelho que nos ofereça mais informações sobre a qualidade de vibração macromicro, teremos a oportunidade de um conhecimento maior sobre nós mesmos. A humanidade poderá conhecer que existem muitos mais ondas no universo do que as detectadas por nossos aparelhos e concebidas pela ciência atual.

Mas, hipóteses à parte, se a vibração macromicro é transmitida e recebida, ela existe. A maior prova que a Ciência do Sentir pode oferecer de sua existência é o sentir, incluindo o pensamento.

Todos os vínculos, principalmente os afetivos, estabelecidos entre os seres humanos são vibrados via sentir humano. As pessoas ligam-se umas às outras pela vibração dos sentimentos que sentem umas em relação às outras. Mesmo uma relação comercial inclui o sentir quando há, por exemplo, o sentimento de confiança em um contrato assinado por duas ou mais pessoas. Com certeza só uma pessoa com grande sofrimento psíquico assinaria um contrato com alguém, se não sentisse confiança, pelo menos, no papel assinado.

Sem falar que qualquer pessoa que entre em um ambiente é capaz de sentir a vibração do mesmo, ou seja, se está tranqüilo, pesado, triste, alegre, etc e, ainda, ao sair, pode permanecer, predominantemente, vibrando aquela vibração.

E, ainda, os próprios sentimentos pessoais que cada um experimenta em si mesmo: o amor, a esperança, a tristeza, o ódio, o horror, a repulsa, o medo, a angústia, o desespero, a alegria, a felicidade, a paz etc.

Negar estas provas é negar o ser humano e é valorizar mais as medidas do que a si mesmo.

De fato, desde a pré-história da humanidade, já existe pelo menos um instrumento capaz de detectar e processar esta vibração, mas que não é valorizado. Este instrumento é o próprio ser humano que, por si só, como um complexo macromicro vibratório, se faz receptor, processador e transmissor do sentir ou, como concebemos, da vibração macromicro. Isto sem falarmos de toda a natureza, um complexo macromicro vibratório, que processa e expressa a vibração macromicro.

Sendo assim, neste sentido, a Ciência do Sentir concebe a espiritualidade.

Uma espiritualidade concebida não como religião, não como uma instituição de poder sobre os homens, não como dogmas inquestionáveis, não como submissão ou prepotência. Mas uma espiritualidade concebida como a evolução e expansão de um ser que pertence e tem responsabilidade sobre e com o cosmos que é, pertence e habita.

Até porque, de um modo geral, os opostos, a religião e o ateísmo, concebem uma situação na qual o ser humano ou é colocado na condição de um ser culpado, por sua própria condição humana, que deve viver à espera do perdão de Deus, ou é colocado na condição de um ser superior na natureza, só porque pode processar os registros vibratórios e, portanto, pensar. Nós não concebemos nem uma nem outra.

De acordo com a Ciência do Sentir, o ser humano é um ser macromicro da natureza que, também, é macromicro, e se encontra em um estágio de evolução, em que necessita viver bem, ou seja, com qualidade de vida, para evoluir e se expandir como pessoa humana no cosmos.

Com todo o respeito à fé de cada um, pecado, expiação etc. são concepções instituídas para que alguns possam exercer poder sobre outros. Aproveitando-se da linguagem figurada de alguns seres que, em nosso ponto de vista, foram brilhantes, alguns instituem a pobreza, a miséria, a fome, o sofrimento, a angústia, enfim, a dor, como sinais para se galgarem degraus nos céus.

Entendemos que estas são concepções instituídas para que alguns possam permanecer em uma condição social privilegiada sobre os demais, às custas da boa-fé das pessoas, inclusive, da boa-fé de alguns que se imbuem de pregar este tipo de concepção.

Em outras palavras, a Ciência do Sentir não concebe que o homem esteja no mundo para sofrer e viver a miséria. Isto é fruto de nossa ignorância, ou melhor, da nossa falta de responsabilidade como ser cósmico.

Se o ser humano se concebe a partir de suas dimensões H e h, será assim enquanto for ser humano. Estas dimensões representam os nossos limites. No entanto, temos condições de conceber que o homem está inserido em um contexto macromicro muito além do homem. Assim, para que o homem se posicione com mais responsabilidade como um ser da natureza macromicro, em nossa concepção, deveria conceber o homem além do homem.

Para concluir, atualizando a sábia e milenar concepção de que "do pó viemos e ao pó voltaremos", hoje, com as informações e com o conhecimento que possuímos, seria mais pertinente conceber que ***do cosmos viemos e ao cosmos voltaremos***.

REFERÊNCIAS BIBLIOGRÁFICAS

ALEXANDER, F.G & SELESNICK, S.T. História da Psiquiatria, uma avaliação do pensamento e da prática psiquiátrica desde os tempos primitivos até o presente. SP. IBRASA. 2ª Edição. 1980.

ARRUDA, J.J. de A. História Antiga e Medieval. SP: Ática.1979.

________________. História Moderna e Contemporânea. SP: Ática.1979.

BARKER, J. A. Discovering the Future (The Business of Paradigms), vídeo. Siamar, Versão Portuguesa.

BOYER, B.C. História da Matemática. SP: Edgard Blücher, 1974.

BURNS, E.M., História da Civilização Ocidental, Vol.I e II, POA: Globo, 1965.

DAPIEVE, A., A Crença na Ciência Viajava no 'Titanic', in: O Globo 2000, 1912, 1913, n° 6, Revista de Encarte do Jornal O Globo, RJ: O Globo, 2000.

HUBERMAN, L. História da Riqueza do Homem, RJ: Zahar, 15ª Edição, 1979.

KANDINSKY, W., Ponto Linha Plano, RJ: Edições 70 (Brasil), 1970.

McALESTER, A.L., História Geológica da Vida. SP: Edgard Blücher Ltda., 1971.

RAMOS, M.B.B., Macromicro – A Ciência do Sentir (uma visão revolucionária do ser humano, a partir da física quântica, da teoria da relatividade, da psicanálise, da biologia e das artes). Rio de Janeiro: Mauad, 1998.

________________. Uma Introdução ao Macromicro – A Ciência do Sentir. In: Boletim do Instituto da Sociedade Brasileira de Psicanálise do Rio de Janeiro n° 3, p:139-146,– SBPRJ – outubro de 1998;

________________. A União Indissolúvel entre Sôma e Psyché. In: Consciência, p: 12-13, Informativo do Conselho Regional de Psicologia do Rio de Janeiro – 5ª Região – IX Pleanária – Ano I – n° 9 novembro de 1999.

Sem Autor, Artes nos Séculos, SP: Abril Cultural, 1969.

Sem Autor, Os Pensadores, Galileu e Newton, SP: Nova Cultural, 1987.

SOUZA, O.R. História Geral. SP: Ática, 1973.

STEVENS, S.S. & WARSHOFSKY, F. Som e Audição, Biblioteca Científica LIFE, RJ: José Olympio, 1965.

TAYLOR, D. Animais de Estimação GATOS, organizado por Dorling Kindersley, RJ: Coleção em 24 fascículos do Jornal do Brasil Indústrias Gráficas S.A., 1986.

TUNGP'O – Parábolas de Filósofos Antigos. in: A Sabedoria da Índia e da China. Lin Yutang. RJ: Irmãos Pongetti, 1945.

VALVERDE, J.M. et alli, História do Pensamento, vol. 1 e 2, SP: Nova Cultural, 1987.

ZOHAR, D., O Ser Quântico, SP: Best Seller, 5ª Edição, 1990.

Leia também

de **Maria Beatriz Breves Ramos** e da **MAUAD** Editora:

— *Uma Introdução à Psicologia Psicanalítica do Self – A Teoria de Heinz Kohut desde as suas origens em Sigmund Freud*

— *Macromicro – A Ciência do Sentir*

Este livro, da MAUAD Editora,
foi impresso em papel ofsete 75g,
na gráfica Markgraph